SEO YOON-NAM

# *Den Bambus biegen*

MEISTER SEOS ANLEITUNG
ZUM GLÜCKLICHSEIN

Herausgegeben und bearbeitet
von Michael Cornelius

WILHELM HEYNE VERLAG
MÜNCHEN

HEYNE SACHBUCH
19/771

Fotografie: Christopher Thomas
Grafik: Markus Rasp

*Umwelthinweis:*
Dieses Buch wurde auf chlor- und
säurefreiem Papier gedruckt.

Taschenbucherstausgabe 08/2001
Copyright © 1999 by Wilhelm Heyne Verlag GmbH & Co. KG, München
in Zusammenarbeit mit dem Süddeutsche Zeitung Magazin, München
http://www.heyne.de
Printed in Germany 2001
Umschlagillustration: Christopher Thomas, München
Umschlaggestaltung: Markus Rasp und Hauptmann und Kampa Werbeagentur, CH-Zug
Druck und Verarbeitung: RMO-Druck, München

ISBN 3-453-19323-7

# INHALT

| | |
|---|---|
| Herr Seo aus Seoul. Ein Porträt | 6 |
| Die Kälte besiegen | 10 |
| Schwebend Wurzeln schlagen | 14 |
| Die Lebensgeister wecken | 24 |
| In den Frühling schweben | 32 |
| Schweinen im Traum begegnen | 40 |
| Den Berg in Dir besteigen | 50 |
| Dem Sommer gehorchen | 54 |
| Lernen wir von den Fischen | 62 |
| Den Bambus biegen | 70 |
| Die Lunge lüften | 82 |
| Mit dem Tiger tanzen | 88 |
| Dem Winter gehorchen | 96 |
| Toooor! Wie man richtig fernsieht | 104 |
| Die Welt im Bauch | 116 |
| Links denken | 122 |
| Das Leben verlängern | 130 |
| Die Wolken suchen | 140 |
| Die Gedanken massieren | 146 |
| Das Prinzip Maulwurf | 152 |
| An Land schwimmen | 160 |
| Das Licht essen | 168 |
| Bier und Honig | 176 |
| Von Menschen und Affen | 182 |
| Register | 190 |

# Herr Seo aus Seoul. Ein Porträt

Kleine Menschen stellen großen Meistern gern dumme Fragen über den Sinn des Lebens. »Herr Seo, bitte sagen Sie mir, ob es noch Hoffnung gibt für meine korrupte Seele?« Herr Seo verneigt sich höflich: »Entschuldigung, Seele? Nicht meine Spezialität.« »Herr Seo, man hat mir erzählt, Sie können fliegen?« Herr Seo lächelt ein Lächeln, das weder ja noch nein bedeutet. »Und stimmt es, daß Sie mit drei Handkantenschlägen ein Hochhaus zum Einstürzen bringen könnten?« Der Meister schweigt und schaut auf seine riesengroßen Hände. Er könnte mich jetzt damit ergreifen und dreimal durch die Luft wirbeln, sicherlich. Aber er tut es nicht. Er erzählt lieber, wie er neulich auf einer Alm mit einem Bergsteiger gewettet habe, daß er ohne Probleme 20 Minuten barfuß bei minus zwanzig Grad im Wasser stehen könne. Doch schon nach 10 Minuten sei der Mann nervös geworden: »Spinnst du, du tot«, habe der gebrüllt und ihm ganz schnell zehn Mark in die Hand gedrückt. »Komisch, oder? Denn länger: kein Problem!«

Hierzu muß man wissen, daß Herr Seo aus Seoul grundsätzlich mit Lederhose, Janker und Gamsbarthut – zünftig, wie ein Koreaner nur sein kann- auf die bayerischen Alpen klettert und es manchen Wanderer zunächst verwundert, wenn sie ihn und seine »Meister, Meister« rufenden Schüler an sich zum Gipfel vorbeiziehen sehen. Oben auf der Hütte serviert Seos Frau eigens mitgebrachte, original asiatische Nudeln. »Essen ist wichtig und Bergsteigen gut für den Körper« – und alles, was gut ist für den Körper, bringt Seo Yoon-Nam seinen Schülern bei. Auf seine ganz spezielle Weise. Mit fernöstlichem Witz und respekteinflößender Körperbeherrschung.

Meister Seo trägt den schwarzen Gürtel in höchster Vollendung, er ist Inhaber des 9. Dan, den weltweit nur ein paar Menschen erreicht haben. »In Europa nur zwei«, sagt Seo, »und ob es einen höheren Dan gibt, das weiß man nicht.«

Vor dreißig Jahren kam Seo nach Deutschland, um als erster seiner Zunft bei uns Tae-Kwon-Do zu unterrichten. »Das war da-

mals praktisch unbekannt.« In Korea hatte er Jura studiert, aber »meine Hoffnung war, hier Meister zu sein«. Seo unterrichtet den als martialisch bekannten Kampfsport auf erstaunlich sanfte Weise – ohne militärischen Drill. Statt Kasernenhofgebrüll hört man hier höchstens mal explosives Lachen. Es ist kein Zufall, daß in Seos kleinem Münchner Studio auch Sportmuffel, sogar bierbäuchige, mit Begeisterung turnen.

Herr Seo, was ist Ihre Lebensphilosophie? »Günstig.« Wie meinen Sie das, »günstig«? »Alles günstig, billig, einfach.« Meister Seo lebt in größter Bescheidenheit, fast asketisch. Vielleicht hat er das von seinem alten koreanischen Meister gelernt, einem Kampfkünstler und Heilpraktiker. Jedenfalls zitiert er gern dessen Lieblingssatz: »Wenn der kleine Teil nicht stimmt, stimmt das Ganze nicht.«

Freizeit ist für Seo ein Fremdwort. Langeweile kennt er nicht. »Dann Gesundheitsbücher studieren.« Sogar Einladungen zu Freunden lehnt er grundsätzlich ab. »Geht nicht, auch nicht am Wochenende. Ich kann meinen Lebensplan nicht abändern.«

Es beruhigt zu hören, daß Meister Seo früher auch einmal ein kleiner Mensch war und es eine Zeit in seinem Leben gab, wo er nicht jeden Morgen freiwillig um fünf Uhr früh aufstand, um zu trainieren. »Als Kind war ich schwächlich und kränkelte, doch der Sport hat mich gesund gemacht.« Später habe er auch mal getrunken, ein wenig. Frauen? Ausschweifungen? Der Meister schweigt. Dann sagt er nur: »viel Lachen.« Jedenfalls habe er schlagartig das wilde Leben aufgegeben. Nur das Lachen hat er vorsichtshalber beibehalten. »Keine Krankheit für den Rest des Lebens ist mein Ziel. Meine Rente ist nicht Geld, sondern Gesundheit.« Wahrscheinlich müssen große Meister so sein. Unerreichbar, wie es Vorbilder nur sein können. Und sie müssen uns Rätsel aufgeben. Herr Seo zum Beispiel ist laut Geburtsurkunde einundsechzig Jahre alt. Doch er könnte ohne weiteres zwanzig Jahre jünger sein. Manchmal, wenn er sich bewegt, so graziös, als schwebte er ein paar Millimeter über dem Boden, scheint es, als säße in seinem Inneren ein kleiner, quirliger Fitneßgott.

MICHAEL CORNELIUS

## DIE BESTE ÜBUNG DER WELT

Sich auf den Rücken legen wie ein umgedrehter dicker Käfer. Die Arme und Beine in die Höhe strecken – und unter leichtem Schütteln und Zittern so lange wie möglich in der Luft halten. Eine Minute am Tag ist am Anfang genug – anschließend langsam steigern. Das belebt den ganzen Körper.

# Die Kälte besiegen

MANCHMAL LEGT SICH AUCH EIN
GROSSER DICKER KÄFER AUF DEN RÜCKEN –
UND LERNT ENORM DAZU.

**K**älte ist günstig, sie kommt umsonst in dein Zimmer. Du mußt nur morgens dein Fenster weit aufmachen, und schon kriecht ein eisiger Teppich zu dir herein. Wunderbar für unser Luftbad. Ich mache das so: Ich lege mich wieder ins warme Bett und schlage dann einfach die Bettdecke beiseite und konzentriere mich 20 Sekunden lang auf meinen ganzen Körper. Ich atme mit allen Poren die frische Luft ein. Dann klappe ich die Decke wieder zu, und wenn mir wieder warm ist, schlage ich die Decke wieder auf, diesmal für 30 Sekunden. Dann für 40, 50, 60 Sekunden. Insgesamt elfmal, bis ich das Luftbad zwei Minuten lang genießen kann.

Ich mache das schon jahrelang, jeden Morgen. Das ist gut für die Haut – die Kälte ist jetzt mein guter Freund. Wenn ich gut gelaunt bin, schlage ich mir ein Loch in einen zugefrorenen See und schwimme ein bißchen.

Unsere Adern, Gefäße, Kapillaren sind viele Tausende von Kilometer lang! Es wird Zeit, dieses Tunnelgewirr endlich richtig durchzupusten. Ich mache das so: Ich lege mich auf den Rücken wie ein umgedrehter dicker Käfer – und strecke Arme und Beine in die Höhe. Dann beginnt das große Zittern: meine Kreislaufgymnastik. Ich halte Arme und Beine mit leichtem Zittern und Schütteln so lange wie möglich in der Luft. Eine Minute am Tag ist am Anfang genug – anschließend langsam steigern. Dies ist für mich eine der wichtigsten Übungen, da sie sogar die winzigen Äderchen mit Sauerstoff versorgt. Sechzig Prozent der vielen tausend Gefäß-Kilometer liegen tief in uns und wollen vom Blutstau befreit werden. Diese »Käfer-Gymnastik« wirkt Wunder. Schon nach ein paar Wochen sind Hände und Füße gut durchblutet. Vom Kopf ganz zu schweigen.

Zwischen dir und der Welt da draußen gibt es nur deine Haut. Vergiß das nie. Es ist ganz leicht, die Haut in Form zu bringen. Ich mache das so: reiben, reiben und noch mal reiben. Mit den Handflächen und Fingerspitzen nehme ich mir nach und nach verschiedene Körperpartien vor. Wichtig: Vor jeder Übung lade ich meine Hände neu auf, indem ich sie schnell und fest aneinander reibe. Das erhöht die elektrische Spannung und die Wirkung des Reibens. Wie auf dem Photo (rechts) legen wir die Hände aufs Gesicht und reiben 36mal auf und ab (diese Zahl gilt für alle Reibeübungen). Danach die Schläfen: mit kreisenden Handbewegungen. Die Ohren nimmt man wie mit einer Schere zwischen Zeige- und Mittelfinger und rubbelt mit sanftem Druck auf und ab. An den Nasenflügeln läßt sich mit Zeige- oder Mittelfinger reiben. Ebenso unterhalb der Nase – dies löst Schleim bei Erkältungen. Die Zunge massiert in kreisenden Bewegungen zuerst das Zahnfleisch und anschließend den Gaumen. Auch der Bauch will gerieben werden: Mit zusammengefalteten Händen vor dem Bauchnabel reibt man fest auf und ab, von den Rippen bis zum Schambereich. Dann legt man eine Hand über die rechte Hüfte und reibt damit quer über den Bauch entlang zur linken Hüfte – und umgekehrt von der anderen Seite. Gut ist auch, die Stelle über den Nieren, am Rücken, mit beiden Handflächen zu reiben. Das regt die Organe und die Durchblutung an, löst Verkrampfungen und Verstopfungen. Sehr einfach ist meine Instant-Übung für unterwegs, die schnell Müdigkeit oder Langeweile vertreibt. Jeden Finger einzeln kneten und drücken, je fester, desto stimulierender. Ähnlich wie bei den Fußreflexzonen strahlen die Finger und Handflächen auf verschiedene Organe aus. Das macht Ihr Immunsystem bärenstark.

## ICH REIBE, ALSO BIN ICH

Zwischen uns und der Welt liegt nur die Haut. Deshalb sollten wir sie gut pflegen. Die Hände auf das Gesicht legen und mit sanftem Druck auf und ab reiben (36mal). Das stärkt die Abwehrkräfte und hält die Haut jung.

### FREI WIE EIN FLAMINGO

Aus dem Stand das linke Bein anwinkeln und die Arme vor der Brust überkreuzen. Auf dem rechten Bein stehend, die Arme langsam nach links und rechts ausstrecken. Die Handflächen parallel zum Körper halten, mit den Fingern nach oben. Ein paar Sekunden genießen – und in die Standposition wechseln. Die Übung, auf dem linken Bein stehend, fortsetzen. Trainiert das Gleichgewichtsgefühl.

Schwebend Wurzeln schlagen

SCHÖNHEIT IST EIN ANDERES WORT FÜR BALANCE.
DER FLAMINGO DENKT NICHT LANGE DARÜBER NACH UND
GEHT EINFACH SO ÜBER DAS WASSER.

Manchmal denke ich, wir Menschen sind wie Bäume, die davon träumen, Vögel zu sein. Fliegen, ja, das wäre jetzt schön. Ich würde meine Arme ausstrecken, tief Luft holen und dann abheben. Mit den Armen ruderte ich gerade mal soviel, daß ich ein paar Zentimeter über dem Boden schwebte. Ich flöge an der Münchner Freiheit vorbei, die Leopoldstraße entlang und landete oben auf dem Siegestor. Wie ich so von oben auf die Stadt herabschaue, muß ich an die Balance denken.

Die Autos da unten brauchen Balance, die Fußgänger, die Ampeln – ohne Balance sind sie nichts. Wenn alle Ampeln immer gleichzeitig rot wären, käme die Welt aus dem Lot. Wären sie immer grün, gäbe es an jeder Kreuzung einen einzigen Crash. So gesehen, ist die Straßenverkehrsordnung pure Balance, im Grunde steckt darin ein ganzer Haufen asiatischer Weisheit: Balance ist alles. Würde der Mond nicht um die Erde kreisen, verlöre unser Planet seinen Halt. Sogar das Glück braucht die Balance. Zu viel Glück bringt Unglück, und nur Pech allein ist auch nicht lustig.

»Komm wieder runter Meister«, höre ich von der Straße her einen meiner Schüler rufen. »Komm endlich runter, und zeig uns, wie wir mit dem Körper die Balance erreichen können.«

»Ihr müßt lernen, schwebend Wurzeln zu schlagen«, sage ich und zeige ihnen, wie das ein Flamingo macht. Auf einem Bein stehen und mit den Armen das Gleichgewicht halten – das ist die Kunst, die innere Balance zu finden.

Meine Gleichgewichtsübungen helfen, die richtige Körperhaltung zu finden, und beugen so Haltungsschäden vor. Kaum jemand achtet darauf, seine Muskeln gleichmäßig zu trainieren. Die Folgen der schlechten Haltung sind eine schnelle Ermüdung des Körpers und, viel schlimmer noch: qualvolle

### EIN FROSCH IM GLÜCK

**Auf dem Rücken liegend, die Arme und Beine zur Körpermitte hin anwinkeln – und die Fuß- und Handflächen aneinanderlegen. Kopf und Rücken leicht anheben. Jetzt Arme und Beine durchstrecken und schwebend über dem Boden halten. Kurz innehalten und zurück in die Ausgangsstellung wechseln. Auf gleichmäßige Bewegung achten. Gut für das Hüftgelenk.**

Schmerzen. Wenn sich durch falsche Haltung oder einseitige Belastung die Stellung des Beckens verändert, wird die Wirbelsäule gezwungen, diese Veränderung auszugleichen. Das kann auf Dauer zu einer Verformung der Wirbelsäule führen. Die Nerven werden gequetscht oder gereizt, und das kann sehr weh tun.

Meine Übungen helfen, Verkrampfungen zu lockern, und bewirken eine wohltuende Stimulation des zentralen Nervensystems. Der Kopf wird frei, und blockierte Muskeln bekommen wieder die richtigen Impulse. Ganz langsam verbessert sich so die Körperhaltung. Der Hormonhaushalt wird positiv beeinflußt – und die Müdigkeit verschwindet.

Lernen wir endlich Wurzeln zu schlagen – und doch abzuheben! Ich mache das so: Ich denke einfach an das Nichts. Und konzentriere mich nur auf meine Bewegungen. Langsam und majestätisch wie der Flügelschlag eines großen Vogels, so soll es sein. Es

◀ **EIN SCHMETTERLING IM URLAUB**
**Ausgangsstellung ist die Startposition wie beim 100-Meter-Lauf. Ein Bein anheben und nach hinten durchstrecken. Das Standbein ist ebenfalls durchgestreckt. Jetzt die Arme zur Seite hin ausstrecken und den Oberkörper, so gut es geht, langmachen und nach oben recken. Langsam wieder aufrichten und die Position der Beine wechseln. Verbessert die Koordination des Ober- und Unterkörpers und beugt Übergewicht vor.**
▼

ist komisch, aber das Gleichgewichtsgefühl stellt sich nur ein, wenn keine Gedanken durch meinen Kopf jagen. Auch meinen Schülern geht das so: Wer hektisch ist, verliert sofort die Balance. Testen Sie doch mal Ihre innere Harmonie. Wer innerlich ausbalanciert ist, steht auch sicher auf einem Bein. Nicht traurig sein, wenn Sie am Anfang noch wild mit den Armen rudern müssen. Mit Geduld wird das Gleichgewichtsgefühl stärker. Als Belohnung fühlen Sie sich bald unbeschwert und glücklich. Es genügt, jede Übung fünfmal auszuführen.

Für mich sind die sechs Gleichgewichtsübungen wie Meditation. Jeden Morgen bin ich ein Frosch, Flamingo, Schmetterling, Adler, Gottesanbeterin und Esel – und borge mir deren natürliche Geschmeidigkeit. Der angenehme Spezialeffekt dabei: Körper und Geist kommen ins Gleichgewicht.

Ich fühle mich dann wie ein Baum, der fliegen kann.

### ▶ ADLER IM TIEFFLUG

Rechte Hand auf die linke Halsseite legen, das linke Bein anheben und mit der linken Hand den Fuß nach hinten drehen. Gleichzeitig bewegt sich der Oberkörper nach vorn und die rechte Hand wird ausgestreckt (Photo rechts). Dann langsam den angehobenen Fuß loslassen und auch den linken Arm nach vorn recken. Beide Arme zeigen gerade nach vorn und bilden mit dem nach hinten angehobenen Bein eine gerade Linie (Photo unten). Wieder in die Standposition zurück und Beine wechseln. Steigert das Konzentrationsvermögen und stimuliert innere Organe.
▼

### STÖRRISCHER ESEL ▶

Auf dem Boden kniend, den Oberkörper mit den Händen vom Boden abstützen. Das linke Bein anwinkeln und so weit nach vorn ziehen, bis das Knie die Stirn berührt (Photo oben). Dann das linke Bein, soweit es geht, nach hinten ausstrecken und nach oben drücken, bis die Ferse den höchsten Punkt bildet. Den Kopf wie ein Esel eine Weile aufrecht halten (Photo unten). Anfangsposition einnehmen und Beine wechseln. Lockert die Hüfte, strafft die Rumpfmuskulatur.

### ◀ TANZ DER GOTTESANBETERIN

Aus dem Stand den linken Arm über die rechte Schulter legen und das rechte Bein angewinkelt nach oben ziehen; Fußsohle zeigt nach links außen (Photo oben). Dann wie im Photo darunter die Balance halten und mit der rechten Hand den Fuß nach vorn ausstrecken. Jetzt den Fuß langsam nach rechts außen ziehen und so hoch und gerade wie möglich halten. Linke Hand ausstrecken; Position wechseln. Sorry, schwer.

## Acht Stufen führen zur Geschmeidigkeit
### *STUFE 1:*
### DEN HIMMEL TRAGEN UND DIE ERDE FÜHLEN

Beim Einatmen gleichzeitig den rechten Arm nach oben strecken und den linken nach unten drücken.
Kurz, 2-3 Sekunden, die Luft anhalten.
Dann langsam die Arme wechseln.
Beim Wechsel ausatmen.
Wieder einatmen. Auf fließende, langsame Bewegung achten.
Das entgegengesetzte Ausstrecken und Dehnen hat einen guten Effekt auf die Verdauung, wirkt positiv auf die Milz und blutreinigend.

# Die Lebensgeister wecken

NEUN LEBEN HAT DIE KATZE – WEIL SIE SO GESCHMEIDIG IST.

Jeder von uns hat einen Schmetterling in sich. Es tut gut, ihm das Fliegen beizubringen. Ich mache das so: Ich stell' mich einfach mit beiden Beinen auf die Erde und mache meine Übungen. Das befreit den Körper von Verspannungen, richtet das Rückgrat auf, kräftigt die Organe und stärkt das Selbstbewußtsein. Wenn alles wieder im Lot ist, bekommt die Seele Flügel. Ich fühl' mich dann so richtig *Heng bok hab nida*, was in meiner Heimat Korea nichts anderes heißt als »glücklich sein«. Dies ist der paradiesische Zustand der vollkommenen Zufriedenheit: *Heng bok hab nida*. Der Weg dahin führt über meine Acht-Stufen-Geschmeidigkeitsmethode.

Das hat sich kein Fitneßgott ausgedacht, die Übungen basieren auf den Erfahrungen einer jahrtausendealten Tradition. Sie besiegen den Streß, vertreiben die alltägliche Müdigkeit und fördern die Gesundheit. Gesundheit ist eigentlich etwas sehr Einfaches: wenn der Stoffwechsel reibungslos abläuft und alle Organe des Körpers normal und störungsfrei funktionieren. Regelmäßig üben hält uns gesund und wirkt selbstheilend. Ein paar Minuten täglich sind schon genug. Leider haben Mediziner aller Zeiten statt dieser uralten Selbstheilungsmethode lieber Medikamente oder, wie in Asien, Akupunktur verordnet. Das muß oft nicht sein.

Denke daran: Alle Übungen beginnen immer mit Einatmen (= Anspannung) und enden mit Ausatmen (= Entspannung). Ich mache das so: zügig und tief durch die Nase einatmen, dabei die Zunge fest an den Gaumen drücken. Ich halte die Luft kurz an und atme danach langsam und kräftig aus. Gut ist, wenn jede Übung achtmal wiederholt wird (dauert zirka 15 Minuten). Minimum: viermal. Am Anfang nicht zu fest trainieren – sonst wird einem schnell schwindlig.

Wecken Sie endlich den Schmetterling in sich auf!

◄ **STUFE 2**
**DEN PFEIL MIT DEM KOPF ABSCHIESSEN**
Beim Luftholen einen Bogen spannen.
Kurz in der abgebildeten Position verweilen.
Und – pffffft – die Sehne schnellen lassen.
Die Seite wechseln: Jeder Arm hält
mal den Pfeil oder umgreift den Bogen.
WICHTIG: volle Konzentration. Das Auge
fixiert beim Bogenschießen ein imaginäres
Ziel. Auch diese Übung sehr langsam
und mit Kraft und Anspannung durchführen.
Stärkt das Auge und ist sehr gut
für Lunge und Nieren.

**STUFE 3 ►**
**DEN ORGANEN FREUDE SPENDEN**
Beide Hände auf die Hüften legen und beim
Einatmen den gesamten Oberkörper
samt Kopf nach links drehen, 2 Sekunden
Luft halten und beim Ausatmen
wieder zurück in die Ausgangsstellung.
Das gleiche andersherum. Mit einiger Übung
schafft man es dabei sogar, mit dem Auge
auf die Ferse zu gucken. Gut für Entspannung
der Organe. Reguliert die Wirbelsäule.

### STUFE 4
### DIE RÜCKENMAUER NEU BAUEN

Stellen wir uns vor, die Wirbelsäule bestünde aus lauter Ziegelsteinen, die übereinandergestapelt sind. Manchmal verrutschen die Steine ein wenig, und das ist schlecht für die Stabilität. Bei Wirbeln, die nicht richtig übereinandersitzen, ist das genauso. Macht nichts, denn mit einem Trick kommt alles wieder ins Lot. Ich mache das so: Füße leicht nach außen, Hände verschränken und mit tiefem Einatmen beide Arme hoch zum Himmel strecken. 2 Sekunden Luft halten. Ausatmen beim Absenken. Schön langsam!
Diese Dehnübung ist gut für den Rücken und obendrein für den Magen.

### STUFE 5
### DIE INNERE OASE FINDEN

Den Streß besiege ich am einfachsten in der »Reiterstellung«. Ich gehe leicht in die Hocke, lege die Hände auf die Knie und halte den Rücken gerade. Beim Einatmen senke ich eine Schulter in Richtung Boden. Ausatmen. Und jetzt die andere Schulter. Die Augen blicken auf die Ferse.
Gut zur Stärkung des Nervensystems.

### STUFE 6
### MIT DEN AUGEN BOXEN

Klingt verrückt, aber probieren Sie es mal aus: In leichter Hockstellung mit der geballten Faust den rechten Arm nach vorn stoßen und mit dem linken Arm den Ellbogen gleichzeitig nach hinten rammen. Und umgekehrt. Einatmen und Ausatmen nicht vergessen. Wie bei Stufe 2 sind die Augen ganz wichtig. Ein konzentrierter Blick durchbohrt das Ziel, fördert die Augendurchblutung. Gut für die Stärkung der Arm- und Schultermuskulatur.

### ◂ STUFE 7
### BEWEGLICH WIE EINE KATZE

Wie weit jemand mit den Händen zu den Füßen kommt, ist eine Frage des Alters. Ohne auf den Geburtsschein zu sehen, weiß ich bei untrainierten Menschen, was los ist: Ein Zwanzigjähriger kommt noch bis zu den Zehen. Ein Dreißigjähriger bis zum Schienbein. Mit vierzig bis zur Kniescheibe – über den Rest schweige ich. Doch Stufe 7 hilft: Einatmen – und beim Ausatmen mit durchgedrückten Knien den Oberkörper nach vorn beugen und mit beiden Händen versuchen, den Boden zu berühren. Idealerweise die Zehenspitzen anfassen. Nicht übertreiben. Langsam steigern.
Dann die Hände an die Hüften legen und aufrechtstehend langsam Kopf und Oberkörper nach hinten dehnen. Dabei einatmen. Gut für die Wirbelsäulenmuskulatur, macht sie elastisch und geschmeidig.

### STUFE 8 ▸
### DIE SEELE BAUMELN LASSEN

Auf die Fußballen stellen und zirka 30 Sekunden im Stand »gehen«. Dabei die Knie leicht anziehen. Danach locker mit Oberkörperdrehung die Arme nach links und rechts schlenkern lassen. Und dabei ausatmen, einatmen. Das weckt die Lebensgeister, steigert die Körperaktivität. Verkrampfungen und Blutstau, verursacht durch langes Sitzen und Bewegungslosigkeit, lösen sich.

**Schlank werden?
Manchmal genügt schon
ein Lächeln.**

# In den Frühling schweben

SCHILDKRÖTEN HABEN IMMER GUTE LAUNE –
DESHALB STEHEN SIE ÜBER DEN DINGEN.

Eines Morgens wachte ich um fünf Uhr auf. »Geh, Schorsch«, sagte meine Frau zu mir und zog die Decke weg, »Zeit is« Schorsch? Gestern war ich noch Seo. Ich wollte protestieren, doch schon sprach es aus mir: »Ja Spatzl«. Der Mann in mir stand auf und es fühlte sich anders an als sonst. Die Beine waren schwer, der Rücken schmerzte, und als ich im Bad vor dem Spiegel stand, wurde ich ganz blaß. Etwas hing an mir, das vorher nicht da war. Ein Bierbauch, so groß, als hätte ich einen Fußball verschluckt. Und mein Gesicht war runder noch als sonst, es erinnerte mich an das Glücksschwein aus der Fernsehlotterie.

»Meister Seo!« Jemand rief meinen Namen und klopfte mir auf die Schulter. Ich schreckte hoch. Es war Schorsch, einer meiner Schüler, der mich aus einem Tagtraum zurückholte. Schorsch war einmal dick gewesen und ist heute eher vollschlank. Als er das erste Mal vor ein paar Jahren in mein Studio kam, wollte er abnehmen. Am liebsten so schnell, wie man Luft aus einem Ball zischen läßt. »Meister, was ist die beste Frühjahrsdiät?« Ich empfahl ihm, viel zu essen, Knödel, Schweinsbraten, Kuchen, alles, was lecker ist. »Soll das ein Witz sein?« Es war ernst gemeint. »Aber«, sagte ich, »du mußt lernen, wie eine Schildkröte zu denken.« Die Schildkröte ißt langsam, sie weiß, daß in ihren Panzer nur wenig hineinpaßt. In meiner Heimat wird die Schildkröte verehrt. Guobugi, sagen wir, »großes Tier«. Die zähe Guobugi gilt als Symbol für Disziplin und ein langes Leben.

Wenn also der Schweinsbraten mal wieder besonders saftig ist, denke ich an die Schildkröte. »Guobugi hilf!«, sage ich und esse dann nur soviel, wie ich vertragen kann.

Eine erfolgreiche Frühjahrsdiät fängt immer im Kopf an: Wo möchte, wo will ich etwas ändern, freiwillig? Die wichtigste Frage lautet: Tut mir das auch gut? Eine plötzliche Zwangsernährung mit ballaststoffreicher,

**WIRKUNG ALLER ÜBUNGEN:**
Fettabbau im Bein-, Becken- und Bauchbereich, Stimulierung der Schilddrüse und des Stoffwechsels. Die Beine werden durchblutet, die Körperhaltung verbessert sich.

**ZUR ERDE ▶**
Einatmen und den Oberkörper zur Kerze aufrichten. Ausatmen. Jetzt die Beine in der Hüfte so weit abwinkeln, daß sie parallel zum Boden stehen. Verschnaufen und in den Lotussitz zurückkehren.

**ZUM HIMMEL**
Im Lotussitz den Oberkörper langsam nach hinten ablegen (zuerst den rechten Ellenbogen, dann den linken, oder umgekehrt). Mit gekreuzten Beinen auf dem Boden liegen. Dann einatmen und den Oberkörper zur »Kerze« aufrichten (die Hände werden zur Unterstützung gegen die Nieren gedrückt; darauf achten, daß die Wirbelsäule senkrecht steht). Ausatmen und die Beine bis in die Senkrechte anheben; mit der Hüfte langsam nach links und rechts drehen. Einatmen und die Beine wieder senken.
▼

## SCHWEBENDER LOTUS

Im Sitzen den rechten Fuß auf den linken Oberschenkel legen und den linken Fuß auf den rechten Oberschenkel. Wirbelsäule geradehalten, beide Knie am Boden. Die Fußsohlen zeigen nach oben. Der Lotussitz ist die ideale Körperhaltung, entspannt die Bandscheiben. Wer kann, darf versuchen zu »schweben«.
FÜR ANFÄNGER: »halber Lotussitz«. Ein Fuß liegt auf dem Oberschenkel, der andere unter dem Gesäß.

## LIEGENDER LOTUS

Den Oberkörper langsam nach hinten ablegen,
die Hände auf die Brust. Einatmen. Die Beine, so gut es
geht, anheben. Ausatmen. Mehrmals wiederholen.
Anfänger machen die Übung im »halben« Lotussitz.

## BAUCHSPECK WEG

Die Beine schulterbreit spreizen; einatmen und die Füße
etwa 30 Zentimeter vom Boden abheben. Gleichzeitig
den Brustkorb anheben, bis ein Hohlkreuz entsteht.
Den Kopf nach hinten sinken lassen. Lockerlassen, ausatmen.
Nur Kopf, Ellbogen und Po berühren den Boden.

### ◄ SCHILDKRÖTE AUF DEM RÜCKEN

Im Liegen die Beine ausstrecken und schulterbreit spreizen. Die Füße so weit nach innen drehen, bis sich die großen Zehen berühren; Einatmen und die Arme nach oben ausstrecken; die Handflächen nach außen drehen und die Handrücken aneinanderlegen. Ausatmen und jetzt den Oberkörper und die Beine vom Boden abheben, bis sie ein »V« bilden. Die Arme und Beine bleiben dabei aneinandergelegt. Lockerlassen und einatmen. Wiederholen Sie die Übung mit hinter den Kopf verschränkten Armen.

fett- und kalorienarmer Kost bringt gar nichts. Nur wer von der Schildkröte lernt, kommt weiter. Die Schildkröte denkt: Streß ist nicht gut, mach dir lieber einen faulen Tag. Die Schildkröte empfiehlt: Trinke und rauche weniger, und sei freundlicher zu den Menschen, dann fühlst du dich auch selber gut. Die Schildkröte prophezeit: Setz' dich in den Lotussitz und folge Meister Seos Übungen, dann bist du bald viel schlanker.

Ich weiß nicht, ob Schildkröten glücklich sind. Aber ganz sicher ist, sie machen irgendwas richtig, denn manche werden über 300 Jahre alt. Ich vermute, sie lächeln innerlich.

Ein Glücksforscher hat mir einmal erzählt, daß die Menschen heute im Vergleich zu früher kaum noch lachen. In den 50er Jahren lachte man durchschnittlich noch 16 Minuten pro Tag, jetzt sind es nur noch sechs Minuten. Angeblich stirbt das Lachen im nächsten Jahrtausend ganz aus. Ich glaube das nicht, und lächle – wie eine Schildkröte.

### DEN FRÜHLING AUSMESSEN ►

Mit gegrätschten Beinen (doppelte Schulterbreite) aufrecht stehen; die Arme werden im rechten Winkel zur Seite gestreckt; einatmen und den rechten Fuß nach außen drehen; den Oberkörper bis zur Waagerechten nach vorne beugen und soweit drehen, bis die linke Hand den rechten Fuß fassen kann; der rechte Arm zeigt senkrecht nach oben, der Blick folgt ihm. Ausatmen. Neu beginnen mit linkem Fuß und rechter Hand.

**Glücklich ist,
wer sich selbst die
Ohren langzieht.**

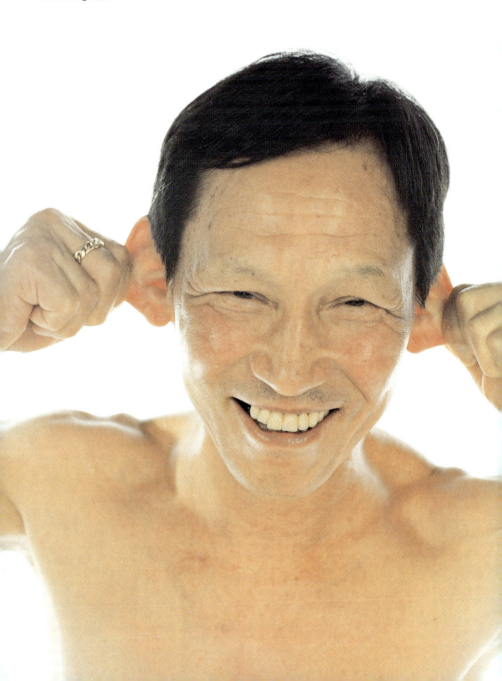

## Schweinen im Traum begegnen

SCHWEINE SIND SELTSAME PHILOSOPHEN.
SIE SPRECHEN NICHT –
UND SAGEN DAMIT ALLES.

Wäre es nicht schön, unser Körper hätte irgendwo einen Knopf fürs Glücklichsein? »Meister Seo, bitte zeigen Sie mir den Knopf, ganz schnell«, höre ich schon meine Schüler sagen. Und ich sehe mich den Kopf schütteln. »Ja Depp«, würde ich sie schimpfen, »habt ihr alles vergessen, was ich euch beigebracht habe?« Dann erzählte ich ihnen eine alte Geschichte aus meiner Heimat. Es gab einmal einen Mann, der war ungeduldig wie ihr alle und suchte verzweifelt nach dem Glück. Solange er suchte, fand er es nicht. Und als er schon aufgegeben hatte, kam das Glück zu ihm im Schlaf. Er hatte Schweine gesehen im Traum. Und am nächsten Morgen verliebte er sich in eine märchenhaft schöne Frau.

»Mögen dir viele Schweine im Traum begegnen« ist seitdem in Korea ein geflügeltes Wort, um sich Glück zu wünschen. *Doe zi ggum ggaseo*, sagen die Leute, sooft es geht. Die Schweine sollen gefälligst bei allem helfen: bei der Liebe, beim Lotto und anderswo. Und wem sie dann im Traum begegnen, glaubt fest an ein gutes Omen.

Vielleicht gibt es den geheimnisvollen Glücksknopf wirklich, aber ich weiß leider nicht, wo. Ich weiß nur, daß ich jedesmal nach meiner Selbstmassage wunderbar entspannt schlafe und manchmal tatsächlich von Schweinen träume. Jede meiner fünfzig Glücksknopf-Übungen stärkt durch Stimulierung ausgewählter Körperzonen die Gesundheit – allein durch die heilende Kraft der Hände. Ich mache das schon seit zwanzig Jahren so, jeden Abend im Bett.
Drücken Sie nicht zuviel.

Die Selbstmassage funktioniert genausogut im Liegen oder Sitzen. Wirkt morgens erfrischend und fördert abends den Schlaf. Wer keine Lust auf alle fünfzig Übungen hat, dem empfehle ich, gezielt die auszusuchen, die die persönlichen Schwachstellen trainieren.
Achtung: Übungen nur zum Teil mit Photos.

**1.** Energie aufladen: 36mal die Handflächen fest aneinanderreiben (auch vor Übung 38 und 42).
**2.** Beide Hände auf das Gesicht legen und 36mal auf und ab reiben.
**3.** 36mal intensiv die Hände öffnen und wieder zur Faust schließen.
**4.** 36mal beide Arme reiben.
**5.** Jeden Finger mit Daumen und Zeigefinger unter Zug leicht drehend bis zur Fingerspitze reiben. Stärkt den Kreislauf. Bei Herzproblemen besonders den linken kleinen Finger massieren.
**6.** Die Fingernägel mit Daumen und Zeigefinger von der Seite oder von oben fest drücken.
**7.** 36mal die Handgelenke nach außen und nach innen drehen.
**8.** Je 10mal den Fuß am Fußgelenk fest nach oben ziehen und wieder nach unten strecken (Ballettfuß).
**9.** 10 Sekunden lang mit den Zehen »eine Faust machen«.
**10.** 50mal den großen Zeh über den »Zeigezeh« legen oder schnipsen – nicht verzweifeln, das können am Anfang die wenigsten.
**11.** 36mal mit dem Fußgelenk rechts- und linksherum kreisen.
**12.** 36mal mit der rechten Ferse die linke Sohleninnenseite (»Fußbogen«) reiben; dann Füße wechseln.
**13.** 36mal beide Fußsohlen fest aneinander reiben.
**14.** Auf dem Rücken liegend, den Kopf 3mal locker nach links und dann nach rechts drehen.
**15.** Die Nackenmuskulatur kneten. Löst Verspannungen.
**16.** 36mal mit der rechten und linken Hand den Nacken reiben.
**17.** 36mal mit der rechten Hand die linke Halsseite leicht reiben; die andere Seite mit der linken Hand.

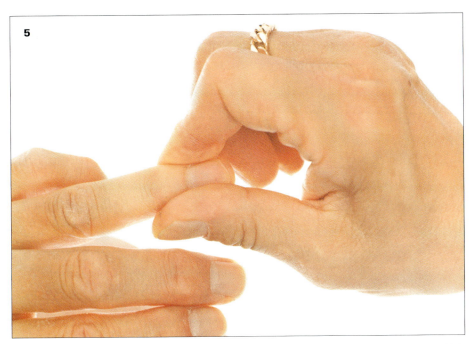

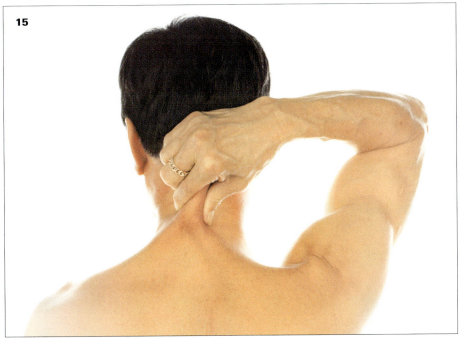

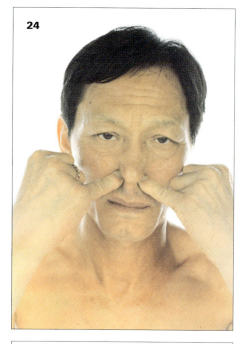

24

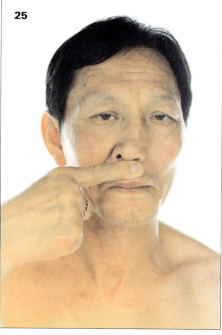

25

**18.** Eine Minute Kopfhautmassage: »trocken die Haare waschen«.
Gegen Haarausfall, Schwindelgefühle und hohen Blutdruck.
**19.** Augen schließen, mit den Fingerspitzen leicht auf die Augenlider drücken und die Augen 10mal links- und dann rechtsherum rollen lassen.
**20.** 10mal mit Mittel- und Ringfinger die Augenbrauen leicht von innen nach außen reiben.
**21.** Genauso die Außenseite der Augenhöhlen.
**22.** 10mal mit den Daumen leicht auf die Schläfen schlagen.
**23.** 36mal mit dem Mittelfinger die Seiten der Nase reiben.
**24.** 36mal mit dem kleinen Finger die Gruben an den Außenseiten der Nasenflügel kreisend massieren.
**25.** 36mal abwechselnd mit dem rechten und linken Zeigefinger zwischen Nase und Oberlippe quer reiben.
Hilft gegen Erkältung und verstopfte Nase. Die Nasenmassage verbessert den Geruchssinn.
**26.** 36mal mit den Zähnen klappern.
**27.** 10mal die Zunge fest an den Gaumen drücken und kreisend massieren; anschließend 10mal mit der Zunge die gesamte Mundhöhle massieren.
Das hilft gegen Mundgeruch, da erhöhte Speichelproduktion die Verdauung im Magen verbessert.
**28.** Je 5 Sekunden die Speicheldrüsen unterhalb des Ohrs und am Unterkiefer fest drücken (Druckpunkte siehe rechts).
Den Speichel durch den Mund fließen lassen und kräftig schlucken (3mal).
**29.** Außenseite der Ohrmuscheln zwischen Daumen und Zeigefinger 10mal reiben.
**30.** Mit dem kleinen Finger den Gehörgang massieren, jeweils beide Seiten etwa 5 Sekunden.

**28 in vier Phasen**

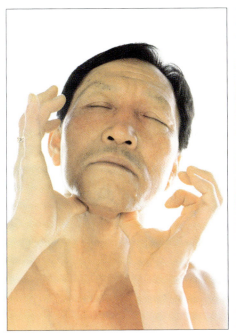
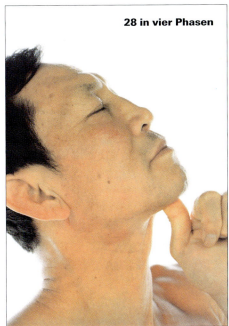
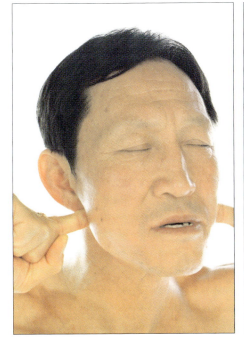
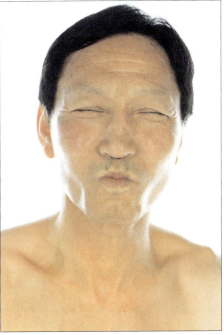

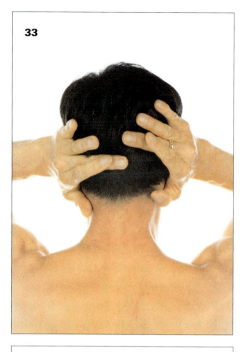

**31.** Mit beiden Zeigefingern den Gehörgang für 5 Sekunden schließen und dann die Finger schnell herausziehen.
**32.** Mit den Mittelfingern die Ohrmuscheln nach vorn drücken und die Zeigefinger auf die Mittelfinger legen. Dann mit den Zeigefingern auf die Ohrrückenseite schlagen.
**33.** Mit beiden Handballen die Ohren schließen, dann die Zeigefinger auf die Mittelfinger legen und die Finger 36mal auf dem Hinterkopf schnipsen lassen.
**34.** Beide Ohrläppchen zuerst nach unten ziehen, dann die Außenseite der Ohrmuscheln nach außen ziehen, schließlich nach oben ziehen. Ohrmassage allgemein verbessert das Hören und beugt Ohrensausen vor.
**35.** Abwechselnd mit der rechten und linken Hand im Uhrzeigersinn 10mal die Brust reiben.
**36.** Tief einatmen, beim langsamen Ausatmen mit der rechten Hand die linke Brust kneten; dann Hand und Brust wechseln.
**37.** Abwechselnd mit der rechten und linken Hand das Brustbein von oben nach unten 10mal reiben.
**38.** 36mal den Bauch jeweils mit der rechten und dann mit der linken Hand im Uhrzeigersinn reiben. Gut bei Verdauungsstörungen (insbesondere Verstopfung). Wenn der Bauch warm ist, wird alles gut.
**39.** Mit den Fingerspitzen im Uhrzeigersinn auf die Bauchdecke drücken. Tut es an einer Stelle weh, dann dort mehrmals drücken. Lindert Darmschmerzen.

**40.** 36mal mit der rechten Hand von rechts nach links über den Unterleib reiben, dann mit der linken Hand von links nach rechts.
Bei Blasenentzündung diese Massage bis zu einer Stunde lang durchführen.
**41.** 36mal mit der rechten Handfläche von der linken Niere aus unterhalb der Rippen fest nach vorn, Richtung Bauchnabel, reiben. Danach die Seite wechseln.
**42.** 36mal mit beiden Händen am Rücken den Nierenbereich reiben. Gegen Rückenschmerzen und zur Verbesserung der Nierenfunktion.
**43.** Mit den Knöcheln von Zeige- und Mittelfinger der rechten Hand den Muskelstrang rechts neben der Lendenwirbelsäule drückend massieren.
Dann Hände wechseln.
**44.** Mit der Faust (Daumenseite) links (und dann rechts) auf die Lendenwirbelsäule klopfen.
**45.** Beide Oberschenkelinnenseiten vom Knie aufwärts reiben.
**46.** 36mal die Leiste massieren.
**47.** Das rechte Knie anziehen und das Kniegelenk außen 36mal reiben, genauso das linke Knie.
**48.** Das rechte Knie leicht anziehen und mit den Fingerspitzen unterhalb der Kniescheibe das Kniescheibenband massieren. Ebenso das linke Knie. Gegen Gelenkschmerzen und Rheuma.
**49.** Im Liegen die Hände auf den Bauchnabel legen. Durch die Nase tief einatmen.
Und sich vorstellen, daß die Luft vom Rücken her den Bauchnabel nach oben drückt.
Beim Ausatmen den Bauchnabel langsam absenken, so als ob er auf die Wirbelsäule drückt. Danach Luft anhalten und den Bauch mehrmals auf und ab bewegen.
**50.** Zum Abschluß meine *Käfer-Gymnastik*: Auf den Rücken legen – dabei Arme und Beine mit leichtem Zittern und Schütteln senkrecht nach oben strecken (vgl. Seite 10 „Die Kälte besiegen").

44

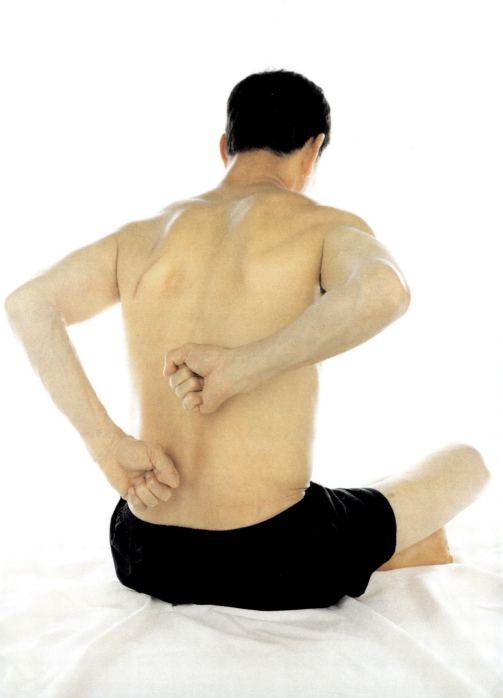

Bayerischer noch als ein Bayer: Meister Seo in seiner Lieblingskleidung auf dem Hirschberg am Tegernsee.

# Den Berg in Dir besteigen

DER WEG IST NICHT DAS ZIEL.
UND WER SO WATSCHELT WIE EINE ENTE
WIRD ES NIE ERREICHEN.

**B**eim Wandern halten mich viele zunächst für einen Urbayern. Für mich ist das ein Kompliment, und ich ziehe den Hut und sage nur: »Habe die Ehre.« Wenn ich dann mit den Leuten rede und sie mir erzählen, wie viele Berge sie schon bezwungen haben, lächle ich und sage nur: »Glaubt mir, Freunde, das Gipfelstürmen ist nicht so wichtig.« Ans Ziel kommt man entspannter von ganz allein, wenn man erst mal gelernt hat, den Berg in sich zu besteigen.

Ich mache das so: Ich zieh' mir feste Schuhe an und gehe einfach los. Jeder Schritt bringt mich dabei der Gesundheit näher. Der Mensch ist ein »Lauftier« – das heißt, aufgrund seines Körperbaus ist Gehen oder Wandern die natürliche Fortbewegungsart, und der einfachste Weg, den Organismus zu stärken.

### WIE GEHE ICH RICHTIG?

Nicht wie eine Ente vor sich hin watscheln, sondern darauf achten, daß die Füße parallel zur Laufrichtung auftreten. Die Schrittbewegung läßt sich in drei Phasen einteilen: Aufsetzen des Fußes, dann Abrollen über Mittelfuß und den Fußballen.

Die optimale Schrittfrequenz pro Minute beträgt 90 bis 110 Schritte. Die Schrittlänge variiert je nach Körpergröße, sollte sich aber bei 50 bis 70 cm einpendeln. Nicht auf den Boden starren, den Blick in die Ferne richten. Kurzes Wandern ist genauso ungesund wie hektische Gewaltakte. Mindestens 30 Minuten gilt es bis zur ersten Rast durchzuhalten. So lange dauert es, bis das Gehen das Herz-Kreislauf-System positiv beeinflußt, da der Körper – je nach Trainingsgrad – schon allein 15 bis 30 Minuten benötigt, um sich an die erhöhte Belastung anzupassen. Die Lunge nimmt nun mehr Sauerstoff auf, und sämtliche Körperfunktionen verbessern sich.

Nun können Fette verbrannt und Endorphine freigesetzt werden – die körpereigenen Glückshormone. Richtig Spaß macht die Sache also erst ab einer Strecke von vier Kilometern, das sind 6000 Schritte, die mühelos in einer Stunde zu schaffen sind.

### WIE ATME ICH RICHTIG?

Um die Atmung zu verbessern, sollte man zur Übung zwei Schritte lang ein- und zwei Schritte lang ausatmen. Je nach Trainingsstand kann dies bis auf sechs Schritte gesteigert werden (3 Schritte ein-, 3 Schritte ausatmen). So wird die Aktivität von Herz und Lunge verbessert, die Sauerstoffaufnahme gesteigert.

### RÜCKWÄRTS GEHEN

Immer nur geradeaus ist langweilig und belastet die Muskeln einseitig. Das Schöne am Bergwandern ist doch, daß man über Bäche springen kann, auf Steinen und Baumstämmen balancieren kann – und so en passant verschiedene Körperteile trainiert. Auf einem flacheren Wanderabschnitt gehe ich gern rückwärts, das entlastet die Rückenmuskulatur und stärkt die Kniegelenke. Auch bergab läßt es sich rückwärts gehen. Eine Übung zu zweit und mit einem Wanderstock: Der eine geht normal vorwärts und reicht dem Rückwärtsgeher den Stock zum Festhalten. Das tut überbelasteten Kniegelenken gut.

### LUFTBAD

Gönnen Sie sich das in der Pause: Das Hemd ausziehen und den Oberkörper mindestens 5 Minuten von der klaren Bergluft umspülen lassen. Mit jeder Pore Sauerstoff tanken.

### ENTSPANNEN

Droben auf der Alm ziehe ich als erstes die Bergstiefel und Socken aus. Im Sitzen nehme ich meinen Fuß am Gelenk und führe mit ihm ein paar Kreisbewegungen aus. Das entspannt. Gut ist es auch, jeden einzelnen Zeh zu massieren. Die Beinmuskulatur läßt sich durch eine Streckübung wieder entspannen. Mit beiden Händen am Hals eines Partners festhalten, das Bein lockerlassen. Der Partner streckt vorsichtig das Bein und hält es dabei mit beiden Händen unterstützend an Knie und Fußgelenk.

## WARUM DER HIMMEL PLÖTZLICH GANZ NAH IST

Ich rufe »ah«, wenn mich die Schönheit der Berge überwältigt. Im Kopf ist kein Gedanke mehr, nur noch Lebensfreude. Fitneß, Sport, Gesundheitswahn – hier oben spielt das keine Rolle. Genausowenig wie Alltagssorgen. In meiner Heimat gibt es einen Ausdruck für die Magie der Berge, ein Dankeschön an die Natur. Wir sagen in dem Moment, wenn wir den Berg in uns spüren: *Kyeong Chi ga numu Cho Sum ni da.* – »O du wunderwunderschönes Panorama.«

Mein alter Meister in Seoul gab mir einst als Ansporn mit auf den Weg: »Deine Kraft soll wie ein Berg sein, deine Seele tief wie das Meer.«

## DER MENSCH IST KEINE WATSCHELNDE ENTE

Gesund für den Homo sapiens ist eine Gehweise, bei der sich die Füße parallel zur Laufrichtung bewegen.

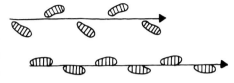

## MIT DEM WEG VERSCHMELZEN

Diese Schrittbewegung in drei Phasen ist gelenkschonend und kraftsparend: Aufsetzen des Fußes auf der Ferse, dann Abrollen über Mittelfuß und Fußballen.

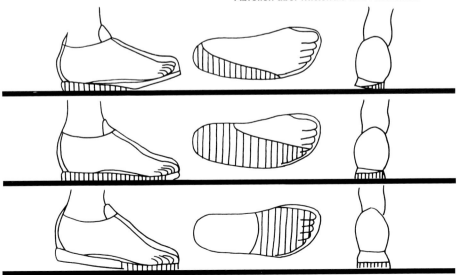

Das Wundermittel gegen die Hitze: Algen und grüner Tee

# Dem Sommer gehorchen

EIN HUND MUSS NICHT IMMER
EIN HUND SEIN.

In meiner Heimat haben die Menschen Respekt vor der Sonne, einige sogar viel Angst. Ich merke das immer, wenn ich Besuch bekomme aus Korea. Dann wagen sich meine Verwandten nur mit Sonnenschirm auf die Straße und suchen, sooft es geht, Deckung im Schatten.

Wir in München dagegen sitzen schon beim ersten Sonnenstrahl furchtlos im Biergarten oder grillen an der Isar, und meistens sagt dann einer, der Sommer sei »vui z'schad zum Arbeitn«. Der Mann hat natürlich recht, aber trotzdem sollte man im Sommer nicht zu sorglos sein. Ich will es mal auf die koreanische Art formulieren: »Bitte keine Hitze schlucken« – *Doi mok chi ma seo* – sagen bei mir zu Hause die Leute an heißen Tagen anstelle von »Grüß Gott«.

Lernen wir den Sommer gut zu behandeln, dann behandelt er auch uns gut.

## WARUM IST UNS SO HEISS ?

Weil der Körper die Durchblutung der Haut automatisch erhöht – so werden wir vor Überhitzung geschützt. Die Poren geben auf diese Weise mehr Körperwärme an die Umgebung ab: Wir schwitzen. Leider geht die erhöhte Durchblutung der Haut auf Kosten der Durchblutung der inneren Organe und des Gehirns. Die Folge: Wir sind schlapp. Dagegen helfen ein paar Tricks. Ich mache das so: Wenn ich k. o. bin, tauche ich meinen Kopf in kaltes Wasser und wasche mein Gesicht. Das erfrischt. Oder ich rette mich mit meinen drei Sommerübungen, die den Kreislauf schnell wieder aufbauen.

Dem Sommer gehorchen: Das heißt vor allem, nichts übertreiben. Wer unbedingt sporteln will, sollte das am besten vor 10 Uhr oder nach 17 Uhr tun.

## ABER WAS ESSEN?

Viele haben im Sommer wenig Appetit, trinken am liebsten Eiskaltes und bewegen sich wenig. Das ist schon mal ganz schlecht, denn

◄ **AUF DER STELLE TRETEN**
Hinknien und den Oberkörper mit beiden Händen auf dem Boden abstützen, die Arme ganz durchstrecken. Ein Bein bis zur Brust anziehen, das Knie ungefähr in Achselhöhe. Das andere Bein ganz lang machen. Den Rücken geradehalten und auch den Kopf; Blickrichtung schräg nach oben. Jetzt kann es mit dem Auf-der-Stelle-Laufen losgehen. Die Beine wechseln dabei, so schnell man es schafft, die Positionen. Mal ist das linke Bein hinten und das rechte Knie vor der Brust, mal umgekehrt. Hin und her: Diese Laufbewegungen zirka 15 Sekunden lang ausführen.
**EFFEKT:** Der Kreislauf wird gestärkt und stabilisiert, die Rückenmuskulatur gefestigt.

◄ **IN DER LUFT MARSCHIEREN**
Wenn wir alle mit den Händen und Füßen in der Luft rudern, sieht das lustig aus – doch meine »Multigymnastik« strengt auch an. Ich mache das so: Ich lege mich auf den Rücken und strecke mich lang aus. Zuerst hebe ich das linke Bein mit durchgedrücktem Knie, soweit es geht, nach oben (fast 90 Grad), genauso den linken Arm. Das rechte Bein lasse ich ausgestreckt, ebenso den rechten Arm. Der Kopf ist angehoben. Jetzt geht's los, ich wechsle, so schnell ich kann, die Stellung: Zack, das rechte Bein und der rechte Arm sind oben – und zack, das linke Bein und der linke Arm. 15 Sekunden sind genug. Nicht verzweifeln, wenn Sie ersten Mal Mühe haben, es wird schon beim nächsten Mal besser. **EFFEKT:** Regt die Blutzirkulation an, verbessert die Bauchmuskulatur und wirkt positiv auf die Verdauungsorgane.

## DAS SCHIENBEIN UND DAS GEMÜT MASSIEREN

Mit der rechten Ferse das linke Schienbein auf der Außenseite von oben nach unten mehrmals kräftig reiben. Und genauso das rechte Schienbein mit der linken Ferse. Dabei werden Zonen stimuliert, die den Appetit anregen, das Völlegefühl lindern und allgemein die Magen- und Darmfunktion verbessern. Da dieses Reiben auch beruhigt und angenehm entspannt, empfehle ich die Übung gern frisch Verliebten. Wer beim ersten Rendezvous zu nervös ist, sollte kurz mal auf die Toilette verschwinden, das Schienbein reiben und entspannt und lächelnd zurückkommen.

dann streiken bald der Magen und der Darm. Ich empfehle während der heißen Tage zwei typisch asiatische Speisen: Meeresalgen und rote Wunderbohnen. Probieren Sie's aus, das ist weniger exotisch, als Sie denken. Beide Lebensmittel senken die Cholesterinwerte, verringern das Blutfett, wirken verdauungsfördernd und regulieren den Blutdruck. Sie enthalten darüber hinaus wenig Kalorien und viele Ballaststoffe.

## DIE WEISHEIT DER ALGEN

Algen (Miyeog) sind reich an Jod, Kalzium und Zellulose. Jod bildet die Grundlage der Stoffwechselhormone, die in der Schilddrüse produziert werden. Die sind wichtig für das Wachstum der Zellen und den Stoffwechsel des Körpers. Durch Jodmangel altert man schneller und wird anfälliger für Krankheiten. 100 g Algen enthalten bis zu 25 mg Jod und zirka 960 mg Kalzium. Kalzium macht die Knochen stabil und verhindert Knochenschwund. (Der Körper benötigt pro Tag zirka 800 mg Kalzium und 0,15 mg Jod.)

Das Beste aber an den Algen ist die einfache Zubereitung. Man kauft sie getrocknet – da sehen sie fast aus wie schwarzer Tee – und wirft sie einfach zum Aufquellen ins Wasser. Ich schaue gern dabei zu, wie aus den Brocken in wenigen Minuten grüne, saftige Blätter wachsen. Danach abtropfen lassen. Beim Einweichen entsteht die klebrige Algenzellulose, die später im Körper Schadstoffe wie ein Schwamm anzieht. Schwermetalle und schädliche Konservierungsstoffe werden gebunden und über den Dickdarm wieder ausgeschieden. Auch die Darmfunktion verbessert sich.

Mit Algen kann man alles machen: sie zum normalen Salat dazumischen, mit Essig und Öl anrichten oder pur als Snack genießen.

Ich mag Algen am liebsten als Suppe. Einfach ein paar Blätter in eine selbstgemachte Brühe geben. Gibt's auch als Algen-Fertigsuppe (zum Beispiel japanische Wakame), die ist ideal als Nervennahrung zwischendurch. In die Tasse damit, heißes Wasser darüber, umrühren, fertig. Schmeckt und riecht schön fischig.

## DER BOHNENSPEZIALEFFEKT

Ich nenne die kleinen roten koreanischen Bohnen (pat) immer meine Wunderbohnen. Sie besitzen so viele gute Wirkstoffe, daß sie seit Jahrtausenden außer als leckere Speise auch als Heilmittel bekannt sind. Sie werden zum Beispiel bei Nierenerkrankungen, Herzschwäche oder Eiweißmangel-Ödemen verordnet. Zur Vorbeugung aß man in den Zeiten, als noch der Mondkalender gültig war, jeweils zu Monatsanfang und zur Monatsmitte bei Vollmond rote Bohnen. Arme Leute, die kaum etwas zu essen hatten, schrieben ihnen magische Kräfte zu. Halb verhungert, glaubten sie daran, der böse Geist stecke ihnen in den Knochen. Sie aßen dann die Bohnen – und fühlten sich wie neugeboren. Heute noch hält man sich daran und vertreibt den bösen Geist der Müdigkeit mit den kleinen roten Dingern. Wissenschaftliche Analysen bestätigen die heilsame Wirkung.

Neben Eiweiß (24 g) und Kalzium (120 mg) enthalten 100 g Bohnen wichtige Mineralstoffe wie Eisen (6,9 mg) oder Vitamine B1 (0,48 mg) und B2 (0,23 mg) und zahlreiche Aminosäuren und Lipide. Ein hoher Gehalt an essentiellen Fettsäuren (Linol 250 mg und Linolen 110 mg) verringert das Risiko von Gefäßablagerungen. Übertriebene Fleischesser haben oft zu hohe Cholesterinwerte. Zuviel tierische Fette und Proteine können böse Folgen für die Gefäße haben. Die Bohne wirkt Wunder. Sogar durch die Nahrung zugeführte Schadstoffe wie Antibiotika oder Hormone können durch den hohen Methioningehalt (390 mg) der roten Bohnen zum Teil entgiftet werden. Auch für Menschen mit erhöhten Harnsäurewerten sind sie zu empfehlen – sie enthalten keine Purine.

Ich esse die Bohnen am liebsten mit Reis.

Dafür muß man an sie allerdings kochen. Wie bei den Algen lassen sich die Bohnen natürlich mit allem kombinieren – versuchen Sie's mal mit Joghurt. Es gibt die roten Bohnen auch fertig in der Dose.

### EIN BROT FÜR DEN BLAUEN HIMMEL

Meine neuen Schüler sind oft sehr neugierig und beobachten mich, wenn ich in den Pausen einen kleinen Happen in den Mund stecke. »Meister, was ist das denn für ein komisches Brot?« fragen sie. »Nix«, sage ich, oder »Sommerbrot«. Das Rezept dafür ist so simpel, daß mir bislang immer peinlich war, es zu verraten. Hier das Geheimnis, weil heute der Himmel so schön blau ist: Meine Frau mischt dafür bis zu 15 verschiedene Mehle zusammen, zum Beispiel Dinkel-, Buchweizen-, Mais-, Kürbiskern-, Klebreis-, Sojabohnen-, Kokos- und Hirsemehl. Geht aber auch mit weniger Mehlen. Etwas Wasser dazugeben, eine Prise braunen Rohrzucker, wenn man will, Nüsse, und kräftig rühren, bis es einen dicken Brei ergibt. Dann kommt der flüssige Teig wie ein Omelett in eine gußeiserne Pfanne (ohne Fett). Bei leichter Hitze (kleinste Stufe) das Ganze etwa 20 Minuten schmurgeln lassen, dann den Fladen umdrehen und die andere Seite noch mal 20 Minuten braten – bis alles schön braun ist. Wenn das Sommerbrot abgekühlt ist, schneide ich es in kleine Stücke und esse es als Fitmacher für den kleinen Hunger zwischendurch mit ein paar Äpfeln. Dazu schlürfe ich Hyunminog Cha – grünen Tee mit geröstetem Reis (in Japan heißt er Genmai Cha). In meinem Tae-Kwon-Do-Studio in Schwabing läuft ständig die Kaffeemaschine mit neuem Wasser durch, pro Kanne reicht ein Löffel Tee. Ich trinke bis zu zwei Liter am Tag, auch verdünnt schmeckt der Cha noch; der geröstete Reis nimmt dem grünen Tee die Bitterkeit.
Guten Appetit, und schlucken Sie nicht zuviel Hitze!

### UND HIER SIND MEISTER SEOS SOMMERREZEPTE:

### NR. 1: SOMMERBROT

Einfach verschiedene Mehle zusammenmischen, zum Beispiel Dinkel-, Buchweizen-, Mais-, Kürbiskern-, Klebreis-, Sojabohnen-, Kokos- und Hirsemehl. Etwas Wasser dazugeben, eine Prise braunen Rohrzucker, wenn man möchte, Nüsse, und kräftig rühren, bis ein dicker Brei entsteht. Dann kommt der flüssige Teig wie ein Omelett in eine gußeiserne Pfanne (ohne Fett). Bei anderen Pfannen mit Fett). Bei leichter Hitze (kleinste Stufe) das Ganze etwa 20 Minuten schmurgeln lassen, dann den Fladen umdrehen und die andere Seite noch mal 20 Minuten braten – bis alles schön braun ist. Wenn das Sommerbrot abgekühlt ist, in kleine Stücke schneiden. Schmeckt gut als Fitmacher für den kleinen Hunger zwischendurch.

### NR. 2: SPINATSALAT (SCHIGUMCHI)

Spinat blanchieren, danach 2 bis 3 mal waschen, abtropfen lassen und mit einem Küchentuch trockentupfen. Sesamöl, geröstete Sesamkörner (grob gemahlen), Pfeffer, Salz und etwas Sojasauce hinzugeben und umrühren.

### NR. 3: GRÜNER TEE MIT GERÖSTETEM REIS (HYUNMINOG CHA)

Die Zubereitung ist denkbar einfach: Ein bis zwei Löffel auf einen Liter heißes Wasser. Wenn man viel trinken will, kann man den Tee immer wieder mit frischem heißem Wasser aufgießen. (In Japan heißt der grüne Tee mit geröstetem Reis Genmai Cha)

### NR. 4: ALGENSUPPE (MIYEOK GUK)

Die getrockneten Algen ein paar Minuten ins Wasser legen, abtropfen lassen. Ein paar Blätter in die Suppe geben. Als Suppenbasis kann man jeden Brühwürfel nehmen, oder selbstgemachte Suppenbrühe. Es gibt auch Algen-Fertigsuppe (zum Beispiel japanische Wakame).

### NR. 5: ROTE BOHNEN MIT REIS (PATBAB ZABGOKBAB)

Vor dem Verzehr muß man die Bohnen einen Tag lang in Wasser einweichen. (Wenn man einen Dampfkochtopf hat, genügt eine kürzere Einweichzeit.) Dann die eingeweichten Bohnen zusammen mit dem Reis kochen.

NR. 6: ALGENSALAT, SCHARF (MIYEOKMUCHIM)
Getrocknete Algen im Wasser einweichen (zirka 20 Minuten), abtropfen lassen. 1 Eßlöffel scharfe koreanische Sauce (Gochu Chang) dazugeben, Lauch oder Lauchzwiebeln fein schneiden und das Ganze mit Sesamkörnern (geröstet) vermischen.

NR. 7: ALGENSALAT, SÜSS-SAUER
Zur Vorbereitung die getrockneten Algen im Wasser einweichen (zirka 20 Minuten), abtropfen lassen.
Rettich, Karotten und Paprika in kleine Streifen schneiden und hauchdünne Gurkenscheiben dazugeben. Mit Salz, 1 Eßlöffel Essigessenz und einer Prise Zucker würzen. Zirka 20 bis 30 Minuten ziehen lassen. Alles mit Wasser im Sieb übergießen und abtropfen lassen. Anschließend die Algen zusammen mit den Ananasstücken zum restlichen Gemüse geben.
Das Ganze zum Schluß mit Essig (Apfel- oder Reisessig), Pfeffer, Pflanzenöl und Zucker süß-sauer abschmecken.

NR. 8: SCHARF EINGELEGTER CHINAKOHL (KIMCHI)
Chinakohl halbieren, die einzelnen Blätter befeuchten und anschließend mit Salz bestreuen. 4 bis 5 Stunden liegen lassen. Das Salz wieder abwaschen und den Kohl abtropfen lassen. Danach noch zweimal abwaschen. Dann den Chinakohl in 2 bis 3 cm dicke Streifen schneiden und mit Lauch, Knoblauch, etwa walnußgroßem Ingwer, Peperonipulver (Gochugar-Pulver), Sardellen (oder Sardellenpaste) verrühren. 2 bis 3 Tage bei Zimmertemperatur ziehen lassen, danach im Kühlschrank aufbewahren (Glasschüssel verwenden).

NR. 9: SOJABOHNENKEIMLINGE-SALAT (KONGNAMUL)
Sojabohnenkeimlinge in kochendes Wasser geben und 2 bis 3 Minuten kochen lassen (Deckel geschlossen halten). Danach abtropfen. Lauch oder Lauchzwiebeln fein schneiden. Sesamöl darübergeben und mit Sesamkörnern (geröstet und grob gemahlen), Pfeffer, Salz und etwas Sojasauce verrühren.

## FLIEGENDER FISCH

Ideal ist dafür ein Holzsteg oder ein schmaler Baum: Beide Arme nach hinten strecken (gut festhalten!). Die Beine leicht spreizen, die Knie durchdrücken. Den Kopf ganz weit nach hinten recken und ein U aus dem Rücken machen. Sich mit dem ganzen Körper nach vorn dehnen, tief einatmen und das Gefühl genießen, ein fliegender Fisch zu sein. Danach mit beiden Händen den Körper anziehen und aufrichten – ausatmen (viermal). Stärkt Halsmuskeln, Schultern und den Rücken. Gut geeignet auch als Aufwärm- oder Abschlußtraining, beim Wandern oder Schwimmen.

# Lernen wir von den Fischen

FISCHE SIND KLUG.
SIE SCHWIMMEN ELEGANT UM JEDES HINDERNIS HERUM –
UND MACHEN DABEI EINE GUTE FIGUR.

Im Englischen Garten sehe ich oft Jogger an mir vorbeihecheln. Sie haben elegante Turnschuhe und perfekte Kleidung, alles prima. Aber ihr Keuchen tut mir weh. Ich stelle mir dann immer Fische vor, die ein Lausbub aus dem Aquarium geangelt hat und der jetzt genüßlich dabei zusieht, wie die Kiemen nach Luft schnappen. Fitneß ist gut, aber nicht mit Gewalt. Der Körper muß langsam vorbereitet werden. Sonst pfeift er aus dem letzten Loch. Werden wir wie Fische im Wasser. Die sind geschmeidig und weich. Wir Menschen wollen mit dem Kopf immer durch die Wand – die Fische schwimmen lieber elegant an einem Hindernis vorbei.

**MEIN KÖRPER IST MEIN KAPITAL**
Meine Schüler fragen mich oft: »Meister, welcher Sport ist gut für mich?« Am liebsten würde ich antworten: Keiner! Denn jede Sportart hat Vor- und Nachteile. Schwimmen tut nur den Gelenken gut, aber nicht den

**EINE BRÜCKE BAUEN ▶**
Auf den Rücken legen und die Hände hinter dem Kopf verschränken. Die Fußballen anziehen, damit die Achillessehne gespannt ist. Das Becken leicht anheben und das Kreuz ein bißchen hohl machen, bis nur noch die Füße, der Kopf und die Schultern den Boden berühren. Jetzt beginnt die Fischgymnastik: Langsam mit dem Mittelteil des Körpers hin und her schlängeln (36mal – durchhalten). Dabei immer an die weichen Bewegungen eines Fisches denken. »Schwimmend« entspannt sich so das Nervensystem, und die Wirbelsäule reguliert sich. Das Anspannen der Bauchmuskeln verbessert die Lage des Darms und erleichtert den Stuhlgang. Auch leichte Bauchschmerzen werden gelindert.

Knochen. Joggen stärkt den Knochenbau, aber belastet die Gelenke. Ich mache das so: Wenn ich zuviel »mit« Körpergewicht trainiert habe (alles, was auf Wirbel, Gelenke, Sehnen und Knochen geht), brauche ich als Ausgleich Übungen, die »ohne« Körpergewicht meine strapazierten Partien entlasten.
Meine Fischgymnastik hilft, Über- oder Unterbelastungen auszubalancieren. Es lohnt sich, einmal täglich von den Fischen zu lernen. Manchmal steckt ein Blauwal in uns, der vom Ozean träumt – weil ihn am Land das eigene Gewicht so drückt. Die Rettung: Fischgymnastik. Daß wir Wesen sind, die aus dem Wasser kamen, vergesse ich nie.
Ich sage immer: Mein Körper ist mein Kapital – *Gunggang eun che san ida*. Gesunde Bewegung ist für mich wie Essen oder Atmen. Mein alter Meister aus Seoul lehrte mich: »Ein alter Baum ist hart und trocken, er bricht leicht. Aber ein junger Baum ist biegsam und geschmeidig.«

◀ **DEN BAUM UMARMEN**
Ich mache das so: Ich packe die Rinde mit beiden Händen und stütze mich mit den Hacken links und rechts vom Baumstamm fest auf. Dann lasse ich mich mit dem ganzen Gewicht meines Körpers hängen. Dabei atme ich tief ein.
Dann ziehe ich mich allein mit der Kraft der Arme und der Rückenmuskeln zum Baum und atme aus (viermal).
Das Umarmen ist gut für den Rücken und stärkt die Armmuskulatur.

## DIE GRÄTEN WIEDER LANG MACHEN

Das sieht leicht aus, ist aber verflixt schwer. Ich stelle mich einfach fest auf die Erde, klemme den Kopf zwischen die Arme und strecke mich ganz lang aus, mit geradem Rücken. Die Hände drücken nach vorn, der Po nach hinten, und die Beine mit durchgedrückten Knien wirken nach unten. Beim Ausstrecken einatmen, ein paar Sekunden Luft anhalten – lockerlassen, ausatmen (viermal). Stärkt die Oberschenkelmuskeln und ist wohltuend für Rücken und Schultern.
▼

## LUFTTAUCHEN ▶

Mit einem Bein einen großen Schritt nach vorn machen, bis das hintere Bein gerade ausgestreckt ist. Den Fuß nach außen drehen. Jetzt einatmen und die Arme, soweit es geht, nach vorn ausstrecken. Sich dehnen, bis Hinterkopf, Rücken, Po und das Bein eine Linie bilden. Die Spannung ein paar Sekunden halten und ausatmen. Beinstellung wechseln und Übung wiederholen (viermal). Das Stretching wirkt entspannend und regt den Kreislauf an.

### LILIPUTANERSTELLUNG
Eine Lockerungsübung, für die man Knieschoner oder einen weichen Untergrund braucht. Auf den Boden knien, die Füße mit den Händen zum Gesäß ziehen und festhalten; dabei den Hintern anspannen. Jetzt versuchen, mit den Knien zu »gehen«. Dabei im Gleichgewicht bleiben und den Oberkörper schön senkrecht halten. Fünf »Schritte« vor und fünf zurück gehen.
**WIRKUNG:** Beugt Rheuma und Blasenentzündung vor und lindert Schmerzen (Stimulierung der Kreuzbeingelenke). Auch gut als Training für Bergwanderungen oder Marathonlauf (Oberschenkelknochen-Training).

# Den Bambus biegen

LEG DICH NIE MIT
EINEM BOXENDEN KÄNGURUH AN.
AUSSER DU BIST SELBER EINS.

## ◀ WÜRGEGRIFF

**ABWEHR:**
1. Kinn nach unten.
2. Ellbogengelenke des Gegners mit beiden Händen greifen und kräftig nach unten drücken. Sich kleiner als der Gegner machen. Den Rücken dabei gerade halten.
Darauf achten, welches Bein der Gegner vorn hat. Sich dazu immer spiegelverkehrt aufstellen. (Das ist wichtig, um für das Knie »freie Bahn« zu haben.)
3. Dann das (hintere) Bein anziehen und das Knie in den Unterleib des Gegners rammen.
▼

Es gibt Tage, an denen würde ich mich gern in Luft auflösen. Es machte kurz mal »zisch«, und schon wäre ich unsichtbar. »Hey, Meister, wo sind Sie?« würde an diesem Tag bestimmt einer meiner ungeduldigen Schüler rufen, der immer alles sofort und gleich und am besten in fünf Minuten lernen möchte. Auch Selbstverteidigung.

»Meister, ich glaube, ich bin stark genug, um sogar Rambo in die Flucht zu schlagen.« Pah, denk' ich mir und kreise als Wind ein paarmal um seinen Kopf, bis ihm schwindlig wird, und lande dann direkt auf seinen Zehen. »Ja, Depp«, sage ich und werde langsam wieder sichtbar, »Muskeln spielen bei der Verteidigung keine Rolle. Körperliche Kraft ist nichts, dein Kopf muß klar sein. Und die Gedanken geschmeidig wie ein Bambusrohr.«

Ein großer Mann ist wie Bambus. Er läßt sich biegen, aber nicht brechen – und er steht immer wieder auf. Bambus ist meine Kampfmeditation. Ich denke in meinem Kopf nur »Bambus«, so wie andere »Hilfe« oder »O Gott«, und schon weiß ich, was zu tun ist. Wenn ich angegriffen werde, kann ich mich blitzschnell wie ein Bambus verbiegen und dann wieder vorschnellen lassen – schon liegt der Gegner auf der Nase.

Ein koreanisches Sprichwort sagt: »Nur mit einem klaren Kopf kann man sich aus den Klauen des Tigers befreien.« In einer Notsituation kommt es zuerst darauf an, den Überblick nicht zu verlieren und die Panik zu besiegen. Meine Übungen helfen gegen die Angst. Durch regelmäßiges Nachspielen kann man die Abwehrbewegungen bald instinktiv. Auch die Psyche wird gestärkt: Wer selbstbewußt ist, läßt sich so schnell nicht aus dem Lot bringen. Wenn man es schafft, die eigenen Gefühle und Gedanken zu kontrollieren, hat man auch den Gegner unter Kontrolle. Klares Denken führt zum Ziel: Es kommt darauf an, den Angreifer da zu treffen, wo er verwundbar ist. Meist ist der Un-

## UNGEWOLLTE UMARMUNG
**ABWEHR:**
1. Wichtig ist es, keinen Gegendruck auszuüben, sondern den Angreifer fest an sich heranzuziehen. Dabei den Kopf zur Schulter des Gegners neigen.
2. Jetzt mit dem Knie in den Unterleib stoßen.

## WÜRGER AM BODEN

**ABWEHR:**
1. Da der Angreifer sein Gewicht nach vorn verlagert hat, ist es ein leichtes, ihn auszuhebeln. Mit beiden Händen seine Knie wegdrücken.

2. Dabei gleichzeitig mit Schwung die Oberschenkel anziehen. Dadurch wird der Angreifer kopfüber wegkatapultiert. Alternative: Nur einen Oberschenkel anziehen, das Gesäß heben und den Gegner seitlich wegschleudern.

terleib völlig ungeschützt, denn der Angreifer fühlt sich sicher und konzentriert sich, beim Würgen etwa, nur auf seine Hände. Das Knie spielt bei den Übungen die wichtigste Rolle. Es kann am durchschlagendsten eine Waffe sein gegen Würger, Umarmer oder Haarezieher.

Aber Vorsicht beim Nachstellen der Angriffssituation mit einem Partner oder einer Partnerin: Der »Täter« sollte nicht ernst machen, es genügt ein leichtes Zupacken. Das gilt entsprechend für die Rolle des »Opfers«. Die notwendigen Griffe lassen sich auch ohne Gewalt üben. Bitte das Knie dabei nicht voll durchziehen, die Bewegung nur andeuten. Voller Kontakt ist sehr schmerzhaft.

Die Abwehr eines Angriffs läßt sich natürlich nur simulieren. Eines sollte man nie vergessen: In der Realität ist man (fast) immer auf sich selbst gestellt. Instinktives »Hilfe, Hilfe!«-Schreien sollte man vermeiden, weil dadurch die Aggression des Angreifers gesteigert wird. Auch wenden sich Passanten aus Angst eher ab, statt zu helfen. Besser haben sich Rufe bewährt wie »Feuer!«. Das weckt die Aufmerksamkeit von Menschen in der Nähe, und manchmal verwirrt es den Gegner.

Selbstverteidigung kann jeder erlernen. Ob man sein Wissen auch anwendet, hängt von der Situation ab. Auf keinen Fall den Helden spielen! Denken wir lieber an den Bambus, und vergessen wir einmal kurz den Ernstfall. Dann taugen die Selbstverteidigungsübungen auch als gutes Knie- und Rückentraining. Zur Lockerung und Vorbereitung empfehle ich die Liliputanerstellung. Dabei läuft man auf den Knien. Das sieht einfach aus, gelingt aber nur den wenigsten sofort. Bitte nur auf weichem Teppich üben – oder noch besser: Knieschoner besorgen. So zu »gehen« ist lustig, verbessert das Balancegefühl und macht die Knie weich – und uns geschmeidig wie Bambus.

**GRIFF IN DIE HAARE ▶**
ABWEHR:
1. Nicht instinktiv zurückweichen, sonst zieht der Angreifer noch fester. Im Gegenteil: Dem Zug nachgeben und dabei den Kopf möglichst nahe an dessen Schulter bringen.
2. Den Gegner mit einem Griff an den Oberarmen packen, heranziehen und das Knie blitzschnell in seine Weichteile stoßen.
▼

**1 LUFTFAHRRAD FAHREN**
Auf den Rücken legen, die Füße anziehen und langsam anheben – eine Kerze machen. Die Hände stützen dabei den Rücken. Jetzt die Knie anwinkeln und in der Luft Fahrrad fahren.

# Die Lunge lüften

ELEFANTEN SIND MUSIKER. IHR INSTRUMENT: DIE LUFT.

Die Übungen 1 bis 4 sind unsere Startgymnastik für das Sauerstofftraining.
WIRKUNG: Lockert die Muskeln
ÜBUNGSDAUER: 10 Minuten

◀ **2 KNIEKREISEN**
Beide Füße stehen eng nebeneinander, die Knie sind leicht angewinkelt. Nun die Hände auf die Knie legen und sie aus dem Gelenk heraus kreisförmig bewegen. Zuerst rechtsherum, dann linksherum. Dabei werden die Beine bei der Bewegung nach hinten gestreckt und die Knie sanft gedrückt.

**3 DAS GROSSE ZITTERN ▶**
Die Füße stehen schulterbreit, die Knie sind ganz leicht angewinkelt. Die Arme locker hängenlassen. Jetzt mit dem ganzen Körper zittern – ungefähr drei Minuten lang. Bewußt soll man dabei die Arme, Beine und Schultern besonders zittern lassen. Tiere beben so vor Angst und bereiten sich auf eine Flucht vor – wir mobilisieren damit den Kreislauf und machen den Körper leistungsfähiger.

**D**ie Luft ist für mich eine Freundin, die mich immer begleitet. Zu viele Menschen behandeln diese Freundin schlecht. Atmen nur flüchtig, als wäre sie nichts weiter als ein Flirt oder eine kurze Affäre. Andere übertreiben mit Gewaltakten, weil sie denken, nur was den Körper quält, macht ihn hart.
Ich mache das anders: Breite ganz entspannt meine Arme aus und lasse die Luft in meine Lungen strömen. Ich bin schließlich nicht Arnold Schwarzenegger oder irgendein Extremsportler. Die trainieren quasi ohne Sauerstoff, sind nur am Aufbau der Muskeln interessiert und nehmen japsend in Kauf, daß beim Gewichtestemmen der Körper mit zu wenig Sauerstoff versorgt wird.
Lernen wir lieber die Langsamkeit. Einatmen, ausatmen: Scheinbar die einfachste Übung der Welt. Jeder glaubt, daß er schnaufen kann und das wäre schon genug. Aber in Wirklichkeit wird die Lunge dabei nur zu etwa einem Drittel ausgelastet. Noch weniger

### ◀ 4 STORCH SEIN

**Auf einem Bein stehen wie ein Storch, unbeweglich. Das andere Bein hochziehen und im 90-Grad-Winkel beugen.**
**Nun wird das angewinkelte Bein aus dem Hüftgelenk nach außen gedreht. Dann wird der Unterschenkel des angewinkelten Beins bis auf Hüfthöhe gehoben. Ober- und Unterschenkel sind jetzt parallel zum Boden. Anfänger sollten sich bei dieser Übung an der Wand abstützen.**
▼

bei starken Rauchern oder bei Menschen, die flach atmen. Das reicht gerade mal zum Weiterleben, ist aber ungesund. Sauerstoffmangel beginnt mit Kopfschmerzen, Konzentrationsschwäche und Müdigkeit. Im Alter können Kreislauf- und Herzprobleme folgen, Blutgefäßstörungen und eine Schwächung des Immunsystems. Sauerstoff-Training hilft uns, das gesamte Lungenvolumen besser zu nutzen. Dafür eignet sich jede Form von Sport: Schwimmen, Radfahren, Tennis, Laufen. Entscheidend ist nicht, was man tut, sondern wie.

Das Ausatmen ist genauso wichtig wie das Einatmen: weil so der Körper von Kohlendioxid entgiftet wird. Oder, wie ein Sprichwort aus Korea sagt: Fließendes Wasser ist sauber; stehendes Wasser verfault!

Beim »Training mit Sauerstoff« ist nicht die Intensität, sondern die Dauer der Bewegung ausschlaggebend. Erst nach 20 bis 30 Minuten kann unser Körper den Sauerstoff opti-

mal aufnehmen. Die Herz- und Atemfrequenz hat sich dann angepaßt, der Organismus beginnt, Fett zu verbrennen. Meine Übungen helfen, den Körper sanft auf die Sauerstoffaufnahme vorzubereiten (Startgymnastik) und nach dem Sport wieder zu entspannen (Schlußgymnastik). Idealerweise sollte unser Sauerstoff-Training so ablaufen:

**1. STARTGYMNASTIK (ÜBUNGEN 1–4)**
Langsam wird die Durchblutung der Muskulatur erhöht, die Herz- und Atemfrequenz gesteigert. Der Körper erwärmt sich und ist bereit für den Sport.

**2. TRAININGSPHASE**
Egal, welchen Sport Sie ausüben, bitte achten Sie auf gleichmäßige Belastung von Kreislauf und Muskulatur. Nicht öfter als 3 bis 4 mal pro Woche trainieren, dann einen Tag Pause machen. Sonst werden die Muskeln müde und anfällig für Verletzungen.

**5 WOLKEN KRATZEN ▶**
Gerade stehen. Der rechte Arm zeigt nach oben, der linke nach unten. Die Handflächen weisen nach hinten. Mit dem rechten Arm nach oben drücken, mit dem linken nach unten, als möchte man Himmel und Erde berühren. Entspannen – und mit nach oben gestrecktem linkem Arm neu beginnen.

Die Übungen 5 bis 7 sind unsere Schlußgymnastik nach dem Sauerstofftraining. WIRKUNG: Normalisiert nach sportlicher Betätigung den Herzschlag und die Pulsfrequenz. ÜBUNGSDAUER: 10 Minuten

## 3. SCHLUSSGYMNASTIK (ÜBUNGEN 5-7)

Viele machen den Fehler, sich nach dem Sport sofort auszuruhen. Das ist so, als würde man mit einem Porsche bei 250 Stundenkilometern eine Vollbremsung hinlegen. Schlecht für die Reifen, schlecht fürs Herz. Die Schlußgymnastik schaltet Gang für Gang zurück und drosselt allmählich die Herz- und Atemfrequenz.

Sauerstoff ist der Schlüssel für alles. Es gehört für mich zu den größten Wundern, wie etwas, das unsichtbar ist, uns das Leben immer wieder schenkt. Während ich diesen Gedanken denke, muß ich daran denken, daß dieser Gedanke einzig und allein möglich war, weil Sauerstoff mein Gehirn in Schwung brachte.

Wollen Sie einmal spüren, wie der wunderbare Mechanismus unseres Körpers den Sauerstoff fließen läßt? Dann ballen Sie jetzt mehrmals die Faust der rechten Hand, und – schon pulsiert es in den Fingerspitzen.

◀ **6 LUFT SCHÖPFEN**

**Tief im Bauch einatmen und dabei die Arme nach oben strecken, die Handflächen zeigen nach vorn. Beim Ausatmen nach vorne beugen und vom Bauch aus alle Luft herauspressen. Der Bauch drückt dabei fast schon gegen die Wirbelsäule. Die Handflächen drücken auf die angewinkelten Knie.**

**7 LUFTSPRUNG ▶**

Aus dem Stand heraus abwechselnd mit dem rechten und dem linken Knie nach oben schwingen. Gleichzeitig den entgegengesetzten Arm nach oben recken. Also: Wenn das rechte Knie nach oben schwingt, schwingt der linke Arm nach oben und umgekehrt. Das Ganze mit viel Schwung ausführen.

**HÜFTE UND KNIE**
Auf den Boden setzen, Beine strecken. Nun ein Bein leicht anwinkeln, mit beiden Händen das Fußgelenk umfassen und versuchen, das Bein hinter den Kopf zu ziehen. Dabei das angewinkelte Bein so weit wie möglich strecken. Vorsichtig ziehen. Rücken dabei geradehalten. Zweimal wiederholen. Auch wenn man es anfangs noch nicht ganz schafft: Schon der Versuch ist wichtig.
WIRKUNG: Hüft- und Kniegelenke werden elastischer; wirkt vorbeugend gegen Schmerzen im Lendenwirbelbereich und am Ischiasnerv (Ischialgie), auch bei Verstopfung und Hämorrhoiden.

# Mit dem Tiger tanzen

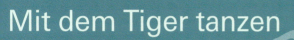

WENN MAN DEN
TIGER FANGEN MÖCHTE,
MUSS MAN IN
SEINE HÖHLE GEHEN.

Noch mehr als alles andere liebe ich Gedanken. Gedanken sind geschmeidig, sie passen in jeden Kopf. Gedanken sind umsonst und manchmal schöner als alles, was man sich kaufen könnte. Was ist eine neue Rolex gegen die Idee der Zeitlosigkeit? Uhren wären nur noch Schmuck oder liefen aus Trotz rückwärts, und alle Menschen kämen zur Arbeit, wann es ihnen gefällt. Statt Schülern besuchten mich zum Training im Studio nur all die dicken fetten Stunden und hektischen Sekunden. »Meister, Meister!«, hör' ich sie schon rufen, »wir möchten das Ticken verlernen.«

Gegen die Zeit weiß ich auch kein Rezept, aber ich kann helfen, den Streß zu vertreiben. In Korea gibt es ein Sprichwort: »Wenn man den Tiger fangen möchte, muß man in seine Höhle gehen.« Der Tiger ist wie der innere Schweinehund, den die meisten erst mal überwinden müssen, bevor sie etwas für die Gesundheit tun. Der Tiger ist auch der König der Tiere. Von ihm zu lernen, heißt, geschmeidig zu werden wie er, aber auch die eigene Schwäche zu kennen. Der Tiger ist dynamisch, schnell, klug, aber manchmal zu ungeduldig und aggressiv. Das beste ist, ganz locker mit ihm zu tanzen. Und dabei aufzupassen, nicht selbst zum Tiger zu werden.

Ich mache das so: Ich konzentriere mich auf meine sechs Tiger-Übungen und mache damit alle Muskeln weich. Mir sind besonders die Muskeln wichtig, die ich die »kleinen Muskeln« nenne, im Gegensatz zu den »großen Muskeln«, wie sie bei Schwarzenegger-Typen als Fleischwülste hervortreten. Es sind aber gerade die kleinen Muskeln, die für das Wohlbefinden wichtig sind. Bei den meisten Menschen sind sie verkümmert oder verspannt, weil sie im normalen Alltagsleben nicht gefordert werden. Wer sagt: »Was kümmert's mich, wenn mein kleiner Zeh schlecht gelaunt ist«, wird nie einen Tiger fangen. Das ist so, als würde man das einzelne Sandkorn in der Wüste nicht so wichtig neh-

**OBERKÖRPER UND RÜCKEN** ▶
Auf den Boden setzen, die Beine so weit wie möglich grätschen, den Rücken gerade aufrichten. Die Zehen zeigen nach oben.
**PHASE 1:** Oberkörper leicht nach vorn neigen; versuchen, mit den Händen die Zehen zu erreichen und festzuhalten. Kommt man nicht ganz bis zu den Zehen, genügt es auch, das Schienbein oder das Fußgelenk zu fassen.
**PHASE 2:** Danach den Oberkörper nach rechts drehen und versuchen, mit beiden Händen die Fußsohle zu umfassen. Dabei den Bauch zum Oberschenkel und das Kinn Richtung Schienbein drücken. Anschließend die Übung, mit dem Oberkörper nach links gedreht, wiederholen.
**PHASE 3:** Ausgangsstellung einnehmen. Nun den Oberkörper gerade nach vorn beugen. Wieder drücken wir den Bauch zum Boden; das Kinn versuchen wir, weit nach vorn zu schieben. Wir stellen uns dabei vor, daß auf dem Boden Griffe sind, an denen wir uns mit den Händen nach vorn ziehen, bis wir im Idealfall mit dem ganzen Oberkörper auf dem Boden aufliegen.
**WIRKUNG:** Stärkung der Leisten- und Rückenmuskulatur; die Elastizität der Hüftgelenke verbessert sich; beugt einer möglichen Muskelverkürzung und Verstopfungsgefahr vor, verscheucht die Müdigkeit, stimuliert das sexuelle Empfinden bei älteren Menschen; bei kleinen Kindern (ab 3 Jahren) wird krankhaftes Bettnässen seltener.
**DAUEREFFEKT:** Wer sich regelmäßig dehnt, wird merken, wie selbst die schwereren Bewegungen immer leichter fallen und wie sich die Körperfunktionen verbessern. Das ist eine gute Vorbeugung gegen die meisten Zivilisationskrankheiten wie Streß, Verstopfung, Impotenz.

◀ **ARME UND SCHULTERN**
**Auf den Boden setzen, Beine strecken.
Die Zehen zeigen nach oben.** Einatmen
und beim Ausatmen versuchen, den Bauch
auf die Oberschenkel zu drücken, beziehungsweise das Kinn zum Knie zu schieben.
**Dabei mit verschränkten Händen die Fußsohlen umfassen. Ist das nicht möglich,
die Finger in Richtung Zehen schieben.
Sechsmal wiederholen.**
**WIRKUNG: Dehnung der Lendenwirbelsäule;
Verbesserung der Durchblutung von
Armen, Schultern, Beinen; Stärkung
der Darmfunktion.**

◀ **BEINE**
 **Gestreckt auf dem Rücken liegen.
Ein Bein mit den Händen am Knöchel
fassen. Einatmen. Beim Ausatmen**
das gestreckte Bein in Richtung Brust
ziehen. Dabei beachten, daß das andere
Bein ebenfalls gestreckt auf dem Boden
liegen bleibt. **Diese Übung sechsmal
ausführen.**
**WIRKUNG: Dehnung des Hüftgelenks und
der hinteren Oberschenkelmuskulatur;
vorbeugend bei der Gefahr einer Ischialgie.**

men – aber ohne Sandkorn keine Wüste. Oder den Berg nur als Berg sehen, dabei ist der in Wirklichkeit ein Haufen Steine. Und ein Haus besteht auch nicht nur aus Beton oder Ziegeln, erst die Balken tragen das Gewicht.
Beim Körper ist es ähnlich – er ist nicht stabil, falls die Muskeln nicht federn. Wenn die kleinen Muskeln nicht locker sind, werden die Gelenke nicht unterstützt, und das Knochengerüst kann nicht richtig funktionieren.
Meine Dehnübungen bringen wieder Leben in die Muskeln. So werden Verspannungen gelöst und die Durchblutung verbessert.
Ich glaube, wenn der Körper verspannt ist, ist auch der Geist verkrampft, und weder Körper noch Geist können stark wie ein Tiger sein. Verspannungen haben auch Einfluß auf den Stoffwechsel des Körpers. Der Körper fühlt sich unwohl, und der Kopf sagt: »Mir ist fad.«
Es ist ganz leicht, dagegen etwas zu tun. Meine Empfehlung: täglich zwischen fünf und 15 Minuten den Tiger machen. Eine gute Zeit ist der frühe Morgen oder der späte Abend, kurz vor dem Schlafengehen. Oder warum nicht vor dem Fernseher, wenn die Sendung nicht zu einschläfernd ist?
Nicht aufgeben, wenn es auf Anhieb nicht so perfekt klappt. Wenn eine Übung weh tut und mühsam ist, ist das nur ein Zeichen, daß die »kleinen Muskeln« erst wieder zum Leben erweckt werden wollen. Aber Vorsicht: nicht übertreiben! Um Muskelverletzungen zu vermeiden, sollten die Übungen langsam und leicht begonnen und dann erst gesteigert werden. Auf möglichst weiche Bewegungen achten und das »Dehnen« zwischen 10 und 30 Sekunden lang aushalten. Dazu ruhig und natürlich atmen. Nach der Dehnungsbewegung kurz innehalten und dann langsam weitermachen. Nach den Tigerübungen fühlt sich der Körper geschmeidig und leicht an.
Entdecken Sie die wunderbare Leichtigkeit des Tigers, wenn Seele, Geist und Körper ausbalanciert sind.

## FINGERSPITZEN

Aufrecht stehen, die Füße schulterbreit.
PHASE 1: Arme waagerecht nach außen drücken, das Handgelenk im rechten Winkel nach oben klappen – dabei einatmen. Nun den Oberkörper langsam nach links beugen und ausatmen. Die Arme bilden eine Linie: Eine Hand drückt nach oben, die andere nach unten (Photo unten links). So verharren und die Luft anhalten.
Zurück in die Ausgangsstellung – einatmen.
PHASE 2: Arme waagerecht ausstrecken und nach oben führen, die Handflächen über dem Kopf aneinanderlegen. Sich dehnen, bis die Fingerspitzen fast den Himmel berühren. Dann nach rechts beugen – langsam ausatmen und die Fingerspitzen langmachen (Photo unten rechts).
Kurz verharren und die Luft anhalten. Langsam die Ausgangsstellung einnehmen und Phase 1 nach rechts und Phase 2 nach links gebeugt wiederholen.
WIRKUNG: Die Lebensenergie (Chi) fließt verstärkt durch den Körper; allgemein verbessert sich die Leistungsfähigkeit; die Lende wird geschmeidiger.
▼

## SCHULTERN

In Schrittstellung aufrecht stehen, den linken Fuß leicht nach vorn.
**PHASE 1: Die Hände werden hinter dem Rücken verschränkt.**
Einatmen, den Körper so weit wie möglich nach hinten beugen und versuchen, die Arme gestreckt so gut es geht vom Körper nach hinten drücken (Bild Seite 94 oben). Darauf achten, daß die Schultern nicht seitlich verdreht werden.
**PHASE 2:** Anschließend langsam ausatmen und den Oberkörper so weit nach vorn beugen, bis der Kopf das vordere, jetzt leicht angewinkelte Knie berührt. Dabei wieder die gestreckten Arme so weit wie möglich nach oben dehnen. Es ist wichtig, die Muskeln gleichmäßig zu trainieren. Um Ungleichheiten vorzubeugen, sollte man die Phase, die am schwersten fällt, öfter trainieren.
WIRKUNG: Verbesserung von Schultermuskulatur und Verdauung; Vorbeugung gegen Rückenprobleme; positive Wirkung auf Nase und Ohren.

## HÜPFEN

Meister Seo auf der Zugspitze. Instantwarm bei minus 27 Grad. AUSGANGSSTELLUNG: Aufrecht stehen, Beine schulterbreit. Bewegung: Stehend zweimal aus den Sprunggelenken hüpfen, beim drittenmal in die Hocke gehen. Die Knie dabei bis maximal 90 Grad beugen, den Rücken gerade halten und die Arme in Augenhöhe vorstrecken.

# Dem Winter gehorchen

KROKODILE HABEN EINE GANZ EIGENE MARIE.
SIE FRIEREN NIE.

Ich hatte mal einen Schüler, der wollte alles schnell, schnell begreifen. So, als wäre die Welt wie Nescafé. Ein bißchen Pulver, Wasser, fertig. »Meister, warum sind rote Rosen schön? Meister, hat das Leben einen Sinn?« Er quälte mich so lange mit seinen dummen Fragen, bis ich ihm eine alte Geschichte erzählte. Ein großer Zen-Meister hatte ebenfalls einen ungeduldig plappernden Schüler: »Ich habe jetzt einen Tag lang meditiert und möchte endlich wissen, wann die Erleuchtung kommt.« Da nahm der alte Zen-Meister einen Holzknüppel und schlug dem Schüler auf den Kopf. Und der verstand. Seitdem nennt man diese Methode Instant-Erleuchtung.

»Mensch, das wäre super, wenn es instantmäßig auch was gegen die Kälte gäbe«, sagt mein Schüler, der gern Skifahren geht. »Einfach oben am Lift stehen und zack, bumm, es wird warm, das wär's«.

Kein Problem, denn das Frieren läßt sich schnell besiegen. Ich mache das so: Ich stelle mich mit beiden Beinen auf die Erde, springe in die Luft und klatsche dabei mit den Füßen. Schon nach zehn Sekunden wird mir warm. Wer das nur eine Minute durchhält, dem pulsiert das Blut wohlig durch die Adern. Meine Aufwärmübungen machen instantheiß. Das ist so wie mit Peperoni- die sind winzig, aber höllisch scharf. Wie meine Übungen: kleiner Aufwand, aber große Wirkung. In Korea gibt es dafür ein Sprichwort. Wenn jemand klein ist, aber viel leistet, sagt man anerkennend: kleine Pfefferschote, aber schärfer! *Zagyun Gochu ga dao mabda!*

Sport im Winter ist wunderbar, wenn man den Peperoni-Effekt regelmäßig ausnützt. Das macht den Körper warm, die Muskeln geschmeidig und schützt vor Verletzungen.

In den kalten Monaten steigt bei den meisten Menschen der Appetit, aber die Lust, sich zu bewegen, nimmt ab. So entstehen Fettpölsterchen. Das passiert nicht, wenn Sie sich ab und zu mal zum »Hampelmann« machen.

### KÄNGURUH

Ausgangsstellung: Im Abstand von zirka 50 Zentimetern drei Seile auf den Boden legen (oder drei Striche ziehen). Breitbeinig über das mittlere Seil stellen. BEWEGUNG: Aufrecht stehend zwischen den Seilen hin und her springen. Aus den Sprunggelenken heraus über das linke Seil hüpfen, zurück zur Mitte, über das rechte Seil, zurück zur Mitte und so weiter. Stärkt die Beinmuskulatur und wärmt sehr schnell auf.

### HAMPELMANN ▶

Ausgangsstellung: Ein Seil (zirka drei Meter lang) auf den Boden legen oder einen Strich in den Schnee malen. Dann breitbeinig an einem Ende aufstellen. BEWEGUNG: Hochspringen wie ein Hampelmann und so versuchen, »in die Füße zu klatschen«. Das Knie wird dabei nach außen geführt und die Unterschenkel in Richtung Gesäß gezogen. Sprung für Sprung nun das Seil entlang und wieder zurück hüpfen. Wer das eine Minute durchhält wird garantiert nicht mehr frieren.

◀ **MENSCH, FROSCH, SCHLANGE** ▶

AUSGANGSSTELLUNG: Aufrecht stehen, wie ein Mensch. BEWEGUNG: In die Hocke gehen und die Hände auf den Boden legen, wie ein Frosch. Aus dieser Stellung heraus wie beim Liegestütz die Beine nach hinten strecken, wie eine Schlange. Jetzt wieder in die Froschbewegung wechseln und schließlich wieder Mensch werden. Darauf achten, daß alle Bewegungen möglichst fließend ausgeführt werden. Lockert die Muskeln und fördert die Durchblutung.
▼

Essen Sie Kürbisse, die sind leicht verdaulich und stärken durch ihren hohen Vitamin- und Betacarotin-Gehalt das Immunsystem. Wer ein Kilo Kürbis ißt, sagt der Volksmund, kann fünf Kilo abnehmen.

In der chinesischen Heilkunde wird der Kürbis zur Entwässerung nach der Entbindung, bei Blutarmut und zur Behandlung von Magenschmerzen und Geschwüren verwendet. Kürbiskerne enthalten besonders viel Lecithin gesunde Fett- und Aminosäuren: Eine ideale Gehirnnahrung für Kinder und Erwachsene.

Am einfachsten ist die Zubereitung als Suppe. Kürbisschale abschneiden, Kürbisfleisch in Stücke schneiden, ein paar Minuten in heißem Wasser weich kochen und Suppenwürfel dazugeben. Die Stücke aus dem Sud fischen, pürieren, Sahne und etwas von dem Sud dazugeben. Mit Salz und Pfeffer abschmecken, umrühren, fertig. So ist jeder Winter schön.

## KROKODIL

AUSGANGSSTELLUNG: Liegestütz, Hände parallel, Finger zeigen nach vorn. BEWEGUNG: Die Arme beugen, bis das Ellenbogengelenk einen 90-Grad-Winkel erreicht (Ellenbogen am Körper). Aus dieser Stellung mit ruckartiger, krokodilähnlicher Bewegung nach vorne springen, ohne dabei die Stellung des Ellbogengelenks zu verändern. Mehrmals wiederholen und damit die Kälte besiegen. Ich habe bei dieser Aufwärmübung schon Muskelmänner scheitern sehen. Nicht aufgeben.
▼

Fernsehen ist gesund. Es kommt nur darauf an, wie man das Programm zu nutzen weiß. Hier zeigt uns Meister Seo, wie man richtig Fußball guckt. Und warum nicht Chips, sondern Lotusblumen-Snacks vor der Glotze am besten schmecken.

# Toooor! Wie man richtig fernsieht

MANCHMAL BESUCHT DICH EIN PFERD IM WOHNZIMMER.
DAS IST EIN GUTES ZEICHEN.

Der Fernseher ist für mich das schönste aller Fitneßgeräte. Ich mag Naturfilme und versuche, vor dem Bildschirm kniend, von der Geschmeidigkeit der Tiere zu lernen. Auch Fußball lohnt sich: Ich schreie »Tor!« und trainiere damit ganz nebenbei meine Stimme. Ich reiße vor Begeisterung meine Arme hoch, stampfe mit den Füßen und rolle mit den Augen. Das geht natürlich nur, wenn es spannend ist. Bei müdem Hin- und Hergekicke mache ich lieber meine Übungen. Je langweiliger das Spiel, desto besser. Die ersten 45 Minuten bis zur Halbzeitpause vertreibe ich mir mit »Kreiseln« (siehe unten). Zwischendurch esse ich ein paar koreanische Snacks, die mich wach halten, und für den Rest des Spiels schreibe ich ein »Pferd« in die Luft. Pferd heißt auf koreanisch Mal – wenn man die geschwungenen Linien des Schriftzeichens mit den Füßen nachmalt, bleibt man locker.

Es ist ein weitverbreitetes Vorurteil, daß Fern-

### KREISELN ▶

Zur Vorbereitung auf den Boden knien, am besten auf einen weichen Wohnzimmerteppich oder auf ein Kissen. Setzen Sie sich so auf die Fersen, daß das Steißbein auf den Fersen ruht (Spann am Boden). Die Hände liegen auf den Oberschenkeln, der Körper ist gerade aufgerichtet. Zuerst mit dem Kopf langsam und in immer größer werdenden Bewegungen kreisen, etwa zehnmal, im Uhrzeigersinn. Kurz innehalten und in Gegenrichtung fortfahren. Danach mit dem Oberkörper zehnmal eine große Kreisbewegung im Uhrzeigersinn machen. Dann zehnmal rechtsherum. Das Kreiseln sollte man zwischendurch, mindestens aber in der Halbzeitpause mehrmals wiederholen – am besten bei geöffnetem Fenster. Das viele Sitzen hat den Hals steif gemacht und den Oberkörper verkrampft; Kopf- und Körperkreiseln machen uns wieder locker. ALTERNATIVE: Die Übung funktioniert auch im Schneidersitz.
▼

sehen entspannt. Das Gegenteil stimmt: Fernsehen ist Marathon. Wie beim Langstreckenlauf muß man seine Kräfte immer wieder aufs neue mobilisieren. Das stundenlange Ausharren auf dem Wohnzimmersofa macht schlaff. Der Nacken wird steif, die Durchblutung der Beine stockt, der Kopf fühlt sich an wie Blei. Meine Übungen helfen, die Verkrampfungen zu lösen und den Kreislauf wiederzubeleben. Der Effekt: Das Gehirn und die Augen bekommen wieder genug Sauerstoff. Wer gelernt hat, richtig fernzusehen, darf sich auf endlose TV-Übertragungen freuen.

### DER LOTUS-EFFEKT

Die ideale Ernährung für lange Fernsehabende sollte vitaminreich sein und nicht zu schwer im Magen liegen. Ich empfehle leichte koreanische Küche – insbesondere die speziellen Fernsehpfannkuchen meiner Frau. Sie sind aus Lotuswurzeln und -samen gemacht. Die Lotusblume wird in Asien als Heilpflan-

### ◄ EIN PFERD IN DIE LUFT MALEN

**Vorbereitung:** Die beiden chinesischen Schriftzeichen für Ma (koreanisch »Mal« für Pferd) mit einem Photokopierer vergrößern oder per Hand abmalen. Ein Zeichen ist mit Absicht spiegelverkehrt, denn es ist für den linken Fuß bestimmt.
**ÜBUNG:** Das Papier gut sichtbar vor das Sofa legen. Im Sitzen die Beine leicht anheben und nur aus den Fußgelenken heraus versuchen, mit den Zehen die Linien des Zeichens von 1 bis 10 nachzuzeichnen. Und zwar mit beiden Füßen gleichzeitig! Los geht's bei 1: Da bewegt sich der linke Fuß nach links, simultan der rechte Fuß nach rechts. Mindestens fünfmal pro Spiel wiederholen.
**WIRKUNG:** Erfrischt und macht den Kopf frei.

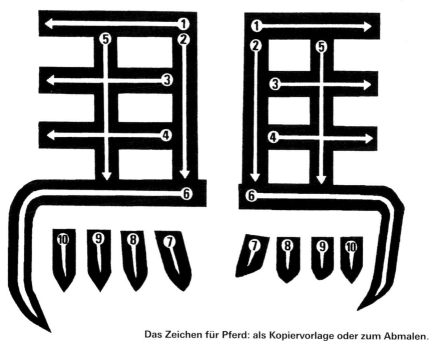

**Das Zeichen für Pferd: als Kopiervorlage oder zum Abmalen.**

ze und Nahrungsmittel geschätzt. Ihre Wurzel ist ein zuckerhaltiger Energiespender und enthält viel Vitamin B 12 und Vitamin C. Das befreit den Fußballgucker von Müdigkeit und nervöser Anspannung. Kurz nach dem Essen stellt sich der erfrischende Lotus-Effekt ein. Auch sonst ist Lotus gut für die Gesundheit: Die Magen-Darm-Funktion verbessert sich, und der Cholesterinspiegel sinkt; auch bei Bluthochdruck und anderen Herz-Kreislauf-Problemen wirkt die Pflanze vorbeugend.

Die Schönheit der Lotusblume hat die Menschen seit Jahrtausenden inspiriert. Im Buddhismus gilt sie als Symbol der Erleuchtung durch überwundenes Leiden: weil der Lotus in trüben Tümpeln und Teichen gedeiht und die Blüte sich gegen alle Widerstände aus dem Schlamm zur Wasseroberfläche erhebt.

## PFANNKUCHEN FÜR DIE SPORTSCHAU

Die Lotuswurzel läßt sich reiben oder raspeln, mit Mehl, Wasser und einer Prise Salz zu einem Teig verarbeiten und so wie ein normaler Pfannkuchen braten. Der leicht pelzige Geschmack der Wurzel wird durch kurzes Kochen in Essigwasser verbessert. Die Zutaten kann jeder nach eigenem Gefühl variieren. Meine Frau nimmt gern eine Mehlmischung aus Dinkel und Buchweizen. Auch mit Lotussamen lassen sich TV-Pfannkuchen machen. Die Kerne und die Wurzeln sollten allerdings vorher über Nacht in Wasser eingeweicht werden. Ich esse die Samen auch zu Brei verarbeitet oder als Beigabe in Reis und Brot.

Beim Fußballgucken muß ich manchmal an den Lotus denken. Viele Stürmer sind zu nervös. Ein Torjäger sollte ausgeglichen wie eine Lotusblüte sein, die auf dem Wasser schwebt und doch mit starken Wurzeln im Boden verankert ist. Einfach vor dem Strafraum auf den Ball warten und mit dem Gefühl des Schwebens dagegentreten: Das gäbe schöne Tore.

### DIE VERBEUGUNG ▶

**VORBEREITUNG:** Im Schneidersitz (oder im halben Lotussitz) auf den Boden setzen und den Oberkörper nach vorn beugen. Die Hände hinter dem Rücken falten. **ÜBUNG:** Tief einatmen. Beim Ausatmen versuchen, mit der Stirn den Boden zu berühren. Die Arme werden dabei, so weit es geht, nach oben gestreckt. Fünfmal wiederholen. **WIRKUNG:** Fördert die Durchblutung; stimuliert Magen und Darm; beugt Verstopfung vor.

### STELLUNGSSPIEL

**VORBEREITUNG:** Aufrecht stehen und den linken Fuß so weit wie möglich nach außen drehen; dabei das Knie ungefähr 90 Grad anwinkeln. Den rechten Fuß gestreckt nach außen drehen. **ÜBUNG:** Den rechten Arm gerade nach oben strecken, den linken Arm anwinkeln und den Oberkörper nach links drehen. Die Augen schauen zur rechten Ferse: Das geht, wenn rechter Arm und rechtes Bein eine Linie bis zur Ferse bilden. Die Seite wechseln und wiederholen. **WIRKUNG:** Stimuliert und durchblutet Hals-, Rücken- und Oberschenkelmuskulatur.

## DIE LOTUSBLUME

Die Lotusblume wächst in Tümpeln und Teichen. Durch ihr Wachstum und ihre schöne Blüte verschönert und bereichert die Lotusblume ihre ganze Umgebung. Die Lotusblume spielt als religiöses Symbol eine wichtige Rolle im Buddhismus. Die Lotusblumenwurzeln, -blätter und -samen werden in der Medizin und als Nahrungsmittel verwendet.

Die Lotusblume ist in Asien und warmen Ländern eine mehrjährige Planze; sie wächst wild in der Natur, sie wird aber auch schon gezüchtet, etwa wie bei uns Champignons. Die widerstandskräftige Lotusblume wächst wie Unkraut und braucht keine besondere Pflege. Wird bei der Ernte ein bißchen von der Wurzel stehengelassen, wächst sie einfach weiter. Werden in einem verseuchten, vergifteten oder verschmutzten Tümpel Lotusblumen gepflanzt, wachsen sie problemlos, reinigen bei ihrem Wachstum das Wasser und neutralisieren die Giftstoffe.

Auf der Wasseroberfläche sieht man die Lotusblume als zierliche, zarte Blütenpflanze mit weichen Blättern. Unter der Wasseroberfläche hingegen wachsen ganz starke, zähe Wurzeln.

Die Wurzel ist zuckerhaltig, mit vielen Ballaststoffen (Zellulose), enthält viel Vitamin B 12 und Vitamin C. Deswegen hilft sie gut gegen Müdigkeit und Nervosität. Das im Blut enthaltene Ammonium, Amoniak wird gelöst durch die Asparaginsäure der Wurzel. Bei starker Erschöpfung erfrischt die Wurzel und versorgt den Menschen mit neuer Energie. In Korea ist sie ein bewährtes Mittel bei Blutarmut; bei Kinderhusten wirkt sie schleimlösend. Man sagt auch, daß man nach dem Genuß der Wurzel Hitze und Kälte besser ertragen kann.

Das Eisen und Tannin der Lotuswurzel hilft gegen Magengeschwüre, wirkt blutstillend, die Magenschleimhaut wird regeneriert und gestärkt, es lindert Magenschmerzen. Die Lotusblume ist für die Gesundheit der ganzen Familie zu empfehlen. Durch die vielen Ballaststoffe wird die Magen-Darm-Funktion verbessert, der Cholesterinspiegel gesenkt. Zivilisationskrankheiten (Zuckerkrankheit, Herz-Kreislauf-Probleme und Bluthochdruck, Gicht) wird vorgebeugt. Außerdem ist sie ein natürliches Stärkungsmittel für Kranke und Schwache.

Wenn man die Lotusblumensamen in Wasser kocht, kann man das Wasser wie Tee trinken (vorher rösten) oder daraus Mus machen:
- bei Durchfall: festigt Stuhl
- bei gestörter Nierenfunktion: Nierensubstanz wird verbessert
- bei Nervosität, Schlaflosigkeit, Herzklopfen, Vergeßlichkeit, Hörschwächen und
- zur Regulierung bzw. Verbesserung von Sehschwächen

Das Wurzelpulver hilft gegen Husten und Verschleimung. Hierfür das Pulver (2-3 TL) in ca. 2 Tassen Wasser zum Kochen bringen und so lange köcheln lassen, bis die Hälfte des Wassers verdampft ist. Es bleibt eine Tasse übrig. Bei Kindern die Hälfte verwenden. Für Eilige: Das Pulver nur mit warmem Wasser anrühren und trinken. Ein Gesundheitsbrei aus Lotusblumenwurzel und Samenpulver hilft besonders bei Nieren- und Herzproblemen.

## ALLGEMEINES:

Lotusgerichte sind gesund, aber keine ausgesprochenen Delikatessen. Ich habe deshalb die reinen Lotusgerichte noch mit ein paar anderen einfachen koreanischen Gerichten kombiniert. Die Rezepte können selbstverständlich nach Gefühl verändert und variiert werden. Zur Geschmacksverbesserung kann man folgendes tun: Die Wurzeln und Samen sollten über Nacht in Wasser eingeweicht werden (mindestens ein paar Stunden). Oder man kocht sie kurz in Essigwasser (aber nicht zu lange, sonst gehen die wertvollen Wirkstoffe verloren). Das verbessert den pelzigen Geschmack und die Farbe.

## PANIERTER SCHNITTLAUCH MIT LOTUS

ZUTATEN:
Schnittlauch, Weizenmehl, Salz,
Öl, Lotuswurzeln (kleinere Menge)

ZUBEREITUNG:
Die Lotuswurzeln über Nacht in Wasser einweichen lassen. Mit einem Mixer kleinhacken und mit einem Pfannkuchenteig (nach eigener Wahl) mischen. Kleingeschnittenen Schnittlauch dazugeben. Dann aus dem Teig kleine runde Portionen formen. Zum Panieren in Mehl wenden. In der Pfanne mit etwas Öl ausbacken (so wie man Fleischpflanzl zubereiten würde)

TIP:
Zusammen mit der angerichteten Sojasauce reichen.

## SEOS FERNSEHSNACKS

Pfannkuchen aus panierten Lotuswurzeln (6, 9) und Kernen (10), gekochter Lotussamen (4), Sushi (1), gefüllte Paprikaschoten (2), panierte Auberginen (3) und Tofu (7), Sojasprossen- und Spinatsalat (8) sowie Sojadip (5).
▼

## LOTUSWURZEL, PANIERT UND IM TEIG EINGELEGT

ZUTATEN:
Mehl, z.B. Weizen, Dinkel, Roggen, Soja, (Eier), Salz, Öl, Lotuswurzeln (größere Menge)
ZUBEREITUNG:
Pfannkuchen machen. Panieren (mit oder ohne Ei). Nun in der Pfanne aus-backen. Zur Dekoration kann man auf den Pfannkuchen Petersilienblätter und Peperoni (geschnitten wie eine Blume) legen.
TIP:
Mit der angerichteten Sojasauce servieren.

## LOTUSKERNE, PANIERT UND IM TEIG EINGELEGT

ZUTATEN:
Mehl, Salz, Öl, Lotuskerne
ZUBEREITUNG:
Wie oben. (Kerne einweichen und mit Mixer zerkleinern) Etwas weniger und leichteres Mehl nehmen. Vorsichtig panieren und in der Pfanne ausbacken.
TIP:
Mit der angerichteten Sojasauce zusammen servieren.

## LOTUSBLUMENKERNE, GEKOCHT

ZUTATEN:
Lotusblumenkerne, Salz
ZUBEREITUNG:
Die Lotusblumenkerne in kaltem Wasser ca. 2-3 Stunden einlegen und danach 5 Minuten kochen. Wasser abgießen und auf einem kleinen Teller servieren. Salz nach Geschmack. Die so zubereiteten Lotusblumenkerne kann man auch mit Salat mischen, in Joghurt geben oder damit fertig gekochten Reis verzieren. Aus den Kernen läßt sich auch ein Gesundheitsbrei zubereiten. Das gekochte Wasser kann man auch als Tee trinken.

## LOTUSKERNE MIT REIS

ZUTATEN:
Sesamöl, Reis, Lotuswurzeln.
ZUBEREITUNG:
Lotuskerne 2 bis 3 Stunden in Wasser einlegen. Wasser abgießen. Reis eine Stunde in Wasser einweichen, Wasser abgießen und aufheben. Dann die Lotuskerne und den Reis in einen heiß gemachten Topf mit Sesamöl geben. Kurz anrösten. Das Einweichwasser zufügen, zum Kochen bringen. So lange kochen lassen, bis ein weicher Brei entstanden ist.

## SEETANGROLLE, MIT REIS GEFÜLLT

ZUTATEN:
Karotten, Eier, eingelegter Rettich, Rindfleisch (Lende), Spinat, Reis, Seetang als Platte, gerösteter Sesam, Knoblauch, Sojasauce, Sesamöl, Salz, Pfeffer
ZUBEREITUNG:
Karotten: der Länge nach in dünne Streifen schneiden und in der Pfanne braten. Mit einer Prise Salz würzen.
Eier: rühren und wie Pfannkuchen in der Pfanne braten, mit einer Prise Salz würzen, ebenfalls in Streifen schneiden.
Eingelegter Rettich: der Länge nach in Streifen schneiden.
Sauce zubereiten: Sojasauce mit dem gerösteten Sesam, Knoblauch und einer Prise Pfeffer mischen. Einen Teelöffel Zucker dazugeben.
Rindfleisch: in dünne Streifen schneiden. Dann in der zubereiteten Sauce 1 bis 2 Stunden ziehen lassen. Danach die Fleischstreifen in einer heißen Pfanne garen.
Spinat: kurz in kochendes Wasser geben. Sofort Wasser abgießen, restliches Wasser herausdrücken. Mit etwas Sojasauce, Sesamöl, gerösteten Sesam und ein wenig Knoblauch (kleingehackt) mischen.

Sushi- oder Milchreis: Den (gekochten) Reis auf der Seetangplatte gleichmäßig verteilen. Jetzt die übrigen Zutaten (Karottenscheiben, Eierfladen, Rettichscheiben, Rindfleischstreifen mit Spinat) auf dem Reis verteilen. Die Seetangplatte mit den Zutaten wird nun zusammengerollt und in Scheiben geschnitten.
TIP:
Zum Zusammenrollen der Seetangplatte gibt es eigens dafür angefertigte Bambusmatten zu kaufen!

## PAPRIKARINGE, MIT RINDERHACKFLEISCH GEFÜLLT UND PANIERT

ZUTATEN:
Rinderhackfleisch, Paprika, Lauchzwiebeln (fein geschnitten), gerösteter Sesam, Mehl, Eier, Öl, Pfeffer, Salz
ZUBEREITUNG:
Paprika: Aushöhlen und in ca. 0,5 cm dicke Ringe schneiden.
Rinderhackfleisch: mit den fein geschnittenen Lauchzwiebeln, geröstetem Sesam, einer Prise Salz und Pfeffer vermischen.
Eier: rühren, eine Prise Salz dazugeben.
Die Paprikaringe auf ein Brett oder einen Teller legen und mit Hackfleisch füllen. Diese gefüllten Ringe erst in Mehl wenden und dann in die gerührten Eier tauchen. Pfanne mit wenig Öl erhitzen und die gefüllten Paprikaringe panieren.
TIP:
Je nach Geschmack in Sojasauce tunken.

## PANIERTE AUBERGINEN- UND ZUCCHINISCHEIBEN

ZUTATEN:
Auberginen, Zucchini, Mehl, Eier, Pfeffer, Salz
ZUBEREITUNG:
Eier: rühren, eine Prise Salz dazugeben
Auberginen/Zucchini: in dünne Scheiben schneiden. Die Scheiben jetzt in das Mehl geben, in die gerührten Eier tauchen und in der Pfanne panieren.
TIP:
Nach Geschmack die Auberginen und Zucchini in die eingelegte Sojasauce tunken.

## PANIERTE TOFUSCHEIBEN

ZUTATEN:
Tofu, Mehl, Eier, Öl
ZUBEREITUNG:
Eier: rühren, Tofu in Scheiben schneiden, Wasser abtupfen. Danach in Mehl wenden und in gerührte Eier tauchen. Pfanne mit etwas Öl erhitzen und den Tofu panieren. Wahlweise kann man den Tofu auch ohne Eier und Mehl ganz einfach in der Pfanne braten, bis er braun wird.
TIP:
Zusammen mit der angerichteten Sojasauce servieren.

## SALAT AUS BLATTSPINAT UND SOJASPROSSEN

ZUTATEN:
Blattspinat, Sojasprossen, Sojasauce (zum Abschmecken), gerösteter Sesam (gemahlen), Sesamöl, Knoblauch (kleingehackt), Lauchzwiebeln oder Lauch (kleingeschnitten), Salz, Peperoni (als Pulver oder Schote)
ZUBEREITUNG:
Blattspinat: kurz in kochendes Wasser geben, Wasser abgießen, restliches Wasser aus dem Spinat pressen.
Sojasprossen: in kochendes Wasser geben, Deckel zumachen und 2 bis 3 Minuten kochen. Wasser abgießen und abtropfen lassen.
Sauce zubereiten: ein wenig Sojasauce, Sesamöl, gerösteter (gemahlener) Sesam, kleingehackter Knoblauch, kleingeschnittene Lauchzwiebeln und ein wenig Peperoni (oder Pfeffer) miteinander mischen. Den Spinat in eine Schale geben und mit der Sauce anrichten. Die Sojasprossen mit ein wenig Salz würzen und einem Spritzer Sesamöl, geröstetem Sesam, etwas Pfeffer und feingeschnittener Lauchzwiebel anrichten. Dann neben den Spinat auf die Schale legen (oder extra servieren)

## ANGEMACHTE SOJASOSSE

ZUTATEN:
Sojasoße, Knoblauch (kleingehackt), gerösteter Sesam (gemahlen), Sesamöl, Lauchzwiebeln (fein gehackt)
ZUBEREITUNG:
Einfach alle oben angeführten Zutaten in eine kleine Schale geben und miteinander verrühren. Fertig.

**ENTSPANNT ATMEN**
Bauchatmung im Lotussitz: Wirbelsäule gerade halten, Knie am Boden. Hände auf den Bauch legen. Spüren, wie sich beim Einatmen der Unterbauch füllt – und beim Ausatmen leert.

# Die Welt im Bauch

FRÖSCHE LACHEN NIE. WARUM? SIE QUAKEN ZUVIEL.

**A**ls Kind habe ich immer das Nilpferd und den Pottwal bewundert, wie sie ihre riesigen Leiber elegant durch das Wasser pflügen. Dann der herrliche Moment des Auftauchens – ein Schnauben, ein Zischen, ein majestätisch großes Die-ganze-Welt-Einsaugen – und dann wieder stilvoll abtauchen. Wir Menschen dagegen: keine Spur von Eleganz und Herrlichkeit. Wer macht sich schon bewußt, wie schön das Atmen ist? Wir nörgeln lieber, denn nie ist uns der eigene Körper gut genug. Zu dick, zu dünn, zu kurz, zu lang.

### WARUM SIND FRÖSCHE SO TRAURIG?

Ich kenne kaum ein Tier, das schlechter gelaunt ist. Vielleicht gibt es eine einfache Erklärung für diese quakende Verdrossenheit. Ich sage immer: Traurigkeit fängt mit dem falschen Atmen an. Die Frösche blähen nur mal kurz ihren Kehlsack auf und glauben schon, das wär's mit dem Luftholen. Die Folge: chronischer Sauerstoffmangel im Blut und schlechte Laune. Viele Menschen atmen ihr Leben lang genauso fröschelnd, nur mit dem Kopf statt mit dem Bauch.

### SEI KEIN FROSCH: WIE MAN MIT DEM BAUCH ATMET

Die Atmung läuft erst richtig, wenn sich beim Einatmen nur der Unterbauch (die Gegend zirka drei Zentimeter unter dem Bauchnabel) nach außen wölbt. Erst durch bewußtes Training lernt man, das Zwerchfell nach unten sinken zu lassen. Ein Trick hilft: Beim Einatmen darauf konzentrieren, wie sich der Unterbauch nach vorne ausdehnt. Dann ausatmen, bis Sie glauben, die Bauchdecke klebe an der Wirbelsäule.
1. Stufe: Man atmet tief, langsam, still und leise ein und merkt dabei gar nicht, daß sich der Unterbauch durch das Atmen ausweitet.
2. Stufe: Weiter weich einatmen; der Unterbauch ist prall gefüllt. Spüren, wie der Bru-

## FREI ATMEN

**Bauchatmung im Stehen:**
Die Arme flach vor dem Körper kreuzen und langsam einatmen. Dabei beide Arme seitlich ausstrecken, die Handflächen nach oben drehen. Den Körper ganz mit Luft füllen, die Spannung kurz halten – und beim Ausatmen beide Arme schwungvoll nach vorne führen.

## LOSGELÖST ATMEN

Bauchatmung im Sitzen: Die Beine ausstrecken, ungefähr 45 Grad anheben und zusammenhalten, die Arme parallel dazu. In dieser Stellung bewußt ein- und ausatmen. Weniger Geübte können auch die Kniekehlen zur Unterstützung festhalten. Konzentriertes Atmen entgiftet den Körper. Mehr Sauerstoff im Blut hält Körper und Geist fit – und stärkt das Immunsystem.

## LOCKER ATMEN

Bauchatmung und Kopfkreisel: Hände in die Hüfte stemmen. Beim Einatmen den Kopf nach hinten beugen. Beim Ausatmen den Kopf bis zur Brust senken. Dann den Hals locker kreiseln lassen – und die Übung wiederholen. Viele Menschen sind nervös, weil sie falsch atmen. Durch bewußte Bauchatmung kehrt innere Ruhe ein. Richtiges Atmen stärkt die Lungen und reguliert das Nervensystem.
▼

straum noch zu 20 bis 30 Prozent leer ist. 3. Stufe: Fühlen, wie beim weiteren Einatmen der Unterbauch, die Brust und nun auch bis zum Kehlkopf alles voller Luft ist. 4. Stufe: In umgekehrter Reihenfolge wieder ausatmen. Die Luft zuerst vom Hals über die Brust und zum Schluß aus dem Bauch ausatmen. Sich vorstellen, wie der Bauch automatisch nach hinten bis zur Wirbelsäule gedrückt wird.

## DAS ATEM-KONTO

Jeder Mensch wird mit dem gleichen Guthaben auf seinem Atemkonto geboren. Wer schneller atmet, hat sein Konto bald aufgebraucht. Ein hechelnder Hund lebt nur 15 Jahre – eine ruhig und tief atmende Schildkröte dagegen wird 300 Jahre alt. Mönche erlangen durch bewußtes Atmen die vollkommene Ausgeglichenheit von Geist und Körper. Wir Froschmenschen müssen deswegen ja nicht gleich ins Kloster gehen: Richtig atmen ist genug – und gratis dazu.

**GEHIRN-PING-PONG**
Die erste Lektion im Schuhplatteln auf koreanisch geht so: auf ein Bein stellen wie ein Storch und die Hände hinter dem Rücken verschränken. Das andere Bein anwinkeln und mit den Augen die Schuhsohle fixieren. Jetzt mit einem kleinen Hupfer das Standbein wechseln. Und das andere Bein anwinkeln, usw. WICHTIG: Die Blickrichtung geht immer zur Schuhsohle des jeweils angewinkelten Beins. Verbessert die Koordination.

# Links denken

**WENN EIN ZEBRA
IN DEN SPIEGEL SCHAUT,
SPIELT DAS GEHIRN PING-PONG.**

## KUNG FU IN LEDERHOSEN

Meine zweite Lektion geht so: Heben Sie das linke Bein vor das rechte Bein in Kniehöhe und strecken Sie dabei die linke Hand nach oben. Gleichzeitig kommt es darauf an, mit der rechten Hand auf den linken Schuh zu klatschen. Mit dem Klatschen das Standbein wechseln und die Übung andersherum ausführen. Ein paarmal üben, dann geht es flüssig wie ein Tanz. Pustet das Gehirn durch und prickelt im Kopf.

## HAFERLSCHUHBALLETT ▶

Ich mache das so: Die rechte Hand strecke ich pfeilgerade nach oben und blicke dabei mit leicht gedrehtem Kopf immer auf die Fingerspitzen. Gleichzeitig winkle ich den linken Fuß in Kniehöhe ab und klatsche mit der linken Hand auf den (linken) Schuh. Mit dem Klatschen das Standbein wechseln und die Übung genau andersherum fortsetzen. Merken Sie, wie es schon beim Lesen im Kopf britzelt? Nicht verzweifeln, wenn das Platteln am Anfang schwierig erscheint. Die Überkreuzbewegungen trainieren den Gleichgewichtssinn und ölen die verkümmerten grauen Zellen.

### ◄ WORTE IN DIE LUFT SCHREIBEN

Beide Hände mit gespreizten Fingern ungefähr in Kopfhöhe halten. Es kommt nun darauf an, mit jedem Finger einen Buchstaben in die Luft zu malen. Nehmen wir einfach die zehn Buchstaben von M E I S T E R S E O. Den Anfang macht der kleine Finger der linken Hand, der das M in die Luft schreibt. Merken Sie, wie versteift Ihre Linkskoordination ist? Beim E mit dem Daumen der rechten Hand geht es da schon leichter. Wichtig: Nur die Finger bewegen sich, nicht die Hand. Öfter und mit lustigen Wörtern üben macht bald den Kopf frei. Genauso simpel funktioniert die Zeigefingerübung: Beide Zeigefinger parallel auf gleicher Höhe halten und die Worte mit Schwung in die Luft schreiben.

Schon immer habe ich die Kunst des Schuhplattelns bewundert, das in der Reinheit der Gesten an Schattenboxen oder Qi Gong erinnert. Schuhplatteln ist für mich Kung Fu in Lederhosen. Nur besser.

Warum? Weil es zu vertrackten Überkreuzbewegungen zwingt, die ganz gezielt das Gehirn an Stellen stimulieren, die sonst verkümmern. Als Rechtshänder beanspruchen wir im Alltag hauptsächlich die linke Gehirnhälfte. Schuhplatteln aber fordert die rechte heraus. Logik, Rechnen, Sprache, Zeitgefühl, das alles sitzt links im Kopf und wird automatisch jeden Tag durch unsere Rechtsorientierung überbeansprucht. Essen, Händeschütteln, Sichwichtigmachen – alles nur rechts, rechts, rechts. Das ist so, als wären wir nur Roboter, dabei steckt in allen von uns ein Tänzer, mindestens.

Wir sollten öfter mal was mit links machen. Denn in der rechten Gehirnhälfte vertrocknen sonst die Gefühle, die Intuition, die Träume, die Bilder.

Wer glücklich sein will, muß als Linkshänder geboren sein – oder meine Gehirn-Pingpong-Übungen befolgen. Am leichtesten geht das mit »Fingern, die Worte in die Luft schreiben«. Die Steigerung sind »die koreanischen Schuhplatteleien« – und als Höhepunkt und Belohnung gibt es die Übung mit dem »unsichtbaren Oktoberfest«, bei der ein Maßkrug zum Fitneßtrainer wird. Dabei stellt man sich vor, in einem leeren Maßkrug zu stehen – und pantomimisch das Glas zu reinigen.

Spielen Sie öfter mal Pingpong mit Ihrem Gehirn, das macht die kleinen grauen Zellen wieder frisch.

Nach dem Schuhplatteln fühle ich mich immer wie Bruce Lee. Dann springe ich vor Freude in die Luft wie er und schreie ganz laut »Aiiiiiiiiiii«.

### DAS UNSICHTBARE OKTOBERFEST

Maßkrüge haben mich schon immer fasziniert, besonders wenn sie im Dutzend von einer Kellnerin im Festzelt gestemmt werden. Lange habe ich überlegt, wie man mit einer Maß fit werden kann. Man kann. Ich stelle mir dazu in der Phantasie einen mannshohen, riesigen leeren Glaskrug vor, den jemand umgedreht über mich gestülpt hat. Bei der Übung kommt es darauf an, mit beiden Händen die gesamte Innenseite des Glases »zu putzen«. Um wirklich alles »sauber« zu bekommen, gehe ich auch in die Hocke oder drehe mich, um hinter mir zu wischen. Dann stelle ich mich auf die Zehenspitzen, um über mir das auf den Kopf gestellte Glas zu reinigen. Das sieht lustig aus und ist mindestens so bewußtseinserweiternd wie eine Maß Bier.

▼

## ACHT STUFEN ZUR ANREGUNG DER AKUPUNKTURPUNKTE

**STUFE 1**
Gerade hinsetzen und die Beine an den Körper heranziehen. Die Fußsohlen auf den Boden stellen, und das Kinn auf die Knie legen. Mit den Armen die Beine fest umschlingen. Einatmen, und beim Ausatmen den Kopf nach vorne schieben. Dabei versuchen, die Knie gegen den Widerstand der Arme nach vorne zu schieben.
**WIRKUNG:** Linderung von Schmerzen im Lendenwirbelbereich; vermehrte Durchblutung der Beine; wirkt Fehlhaltung (Hohlkreuz) entgegen.

# Das Leben verlängern

BIN ICH EINE HEUSCHRECKE,
DIE TRÄUMT, EIN MENSCH
ZU SEIN? ODER EIN MENSCH,
DER TRÄUMT, ER SEI EINE
HEUSCHRECKE?

**Z**zzzzzz Zzzz Eine Eintagsfliege hat sich in mein Studio verirrt. Ich folge ihrem Flug nur mit den Augen. Zzzz, sie landet auf meiner Nase. Ob ich ihr Unterricht geben soll? Sie brummt nervös, als wollte sie sagen »Keine Zeit, keine Zeit«.

Ich stelle mir ihr Mini-Leben vor. Schon mittags bekäme ich die Midlife-crisis, abends machte ich mein Testament, und Mitternacht löschte ich das Licht für immer aus. Ob die Fliege von ihrem Schicksal weiß? Womöglich träumt sie heimlich vom ewigen Leben?

Wir Menschen sind manchmal wie die Eintagsfliegen. Viel zu nervös den ganzen Tag. So vergeuden wir unsere Lebensenergie. Wie eine Kerze, die an beiden Enden gleichzeitig angezündet wird. Ewige Jugend kann ich nicht versprechen. Aber ich weiß, wie man die innere Kraft verstärken kann. In uns allen steckt eine natürliche Energie, die für die Lebenskraft sorgt. Kinder haben viel innere

◀ **STUFE 2**
**Im Schneidersitz mit den Handflächen übereinander auf die Mitte des linken Oberschenkels drücken und einatmen. Dabei den Oberkörper und den Kopf nach rechts drehen. Anschließend das Ganze umgekehrt wiederholen. WIRKUNG: Fördert die Durchblutung der Hände und Füße. Lindert Rückenschmerzen und verbessert die Sehkraft. Besonders für ältere Menschen geeignet.**

◀ **STUFE 3**

Auf dem Boden sitzend die rechte Ferse neben die linke Hüfte legen und die linke Ferse neben die rechte Hüfte. Darauf achten, daß die Knie vor der Körpermitte übereinander liegen. Die Hände befinden sich auf den nach oben gekehrten Fußsohlen (linke Hand rechte Sohle, rechte Hand linke Sohle). Einatmen und den gesamten Oberkörper langsam nach hinten strecken. Dann ausatmen und den Oberkörper nach vorne auf die Knie beugen.

WIRKUNG: Dehnung der Wirbelsäule und des Hüftbereichs; Reduzierung der Gefahr von Kreuzschmerzen und Rheuma; bessere Durchblutung des Nervensystems im Rücken; Stärkung der Rückenmuskulatur; Korrigiert schlechte Haltung; Stimulierung der inneren Organe (Niere, Leber, Milz, Darm); Beugt vor bei Appetitlosigkeit und Verstopfung.

Kraft, ältere Leute weniger. Wird diese Energie positiv beeinflußt, verzögert sich der Alterungsprozeß. Durch Stimulierung besonderer Körperstellen, die man Akupunktur-Punkte nennt, ist es möglich, die Gesundheit zu fördern.

Die Lebensenergiepunkte spielen eine wichtige Rolle in der asiatischen Heilkunde: Bei der Akupunktur werden Nadeln auf die Punkte gesetzt, die Akupressur arbeitet mit Daumen und Fingern, und bei der Moxtibustion werden Kräuter in der Nähe der Akupunkturpunkte verbrannt.

Die innere Kraft läßt sich auch durch Spezialübungen verstärken, bei der gezielte Muskelbewegungen die Akupunkturpunkte anregen. Die fernöstlichen Kampfkünste besitzen darin eine jahrtausendealte Tradition. Es waren Mönche, die zuerst geheime Methoden entwickelten, die Gesundheit, Beweglichkeit und Gleichgewicht verbesserten. Dabei trainierten sie nicht nur den Körper, sondern

**STUFE 4**
Das ist Bogenschießen mit den Beinen. Sitzend beide Beine strecken. Die linke Hand faßt die Zehen des linken Fußes, und die rechte Hand umfaßt die Außenkante des rechten Fußes. Der linke Fuß bleibt gestreckt. Tief einatmen und mit der rechten Hand das rechte Bein nach hinten ziehen. Die Bewegung gleicht dem Spannen einer Bogensehne, wobei man sich vorstellen kann, daß der linke Fuß der Bogen ist und das rechte Bein die Sehne, die nach hinten gezogen wird. Sechsmal ausführen und die Seite wechseln.
**WIRKUNG:** Dehnung der Wirbelsäule und des Beckenbereichs; Entspannung der hinteren Oberschenkelmuskulatur; hält den Körper jung und geschmeidig. ▼

**STUFE 5 ▶**
Aufrecht auf dem Boden sitzend beide Beine bis zum Gesäß anziehen und die verschränkten Finger unter die rechte Fußsohle schieben. Einatmen, das (rechte) Bein nach oben durchstrecken und – wenn möglich – mit beiden Händen bis in die Senkrechte ziehen. Sechsmal ausführen. Bein wechseln.
**WIRKUNG:** Verminderung von Ischias- und Beckenschmerzen; verbessert die Durchblutung der Beine.

**STUFE 6**
Gerade hinstellen, Beine schulterbreit. Einatmen und die rechte Hand nach oben drücken, als ob man ein schweres Tablett heben würde. Leicht nach hinten beugen und ausatmen. Dann die andere Hand ebenfalls nach oben drücken und wieder einatmen. Die Augen schauen auf die Handrücken. Jeweils sechsmal ausführen. WIRKUNG: Entspannung der Rückenmuskulatur; Stimulierung und Verbesserung der Nierenfunktion.

auch den Geist und die Seele. Sie glauben, daß Krankheit entsteht, wenn die Balance zwischen Körper, Geist und Seele gestört ist. Besonders für die buddhistischen Mönche war eine regelmäßige Ausübung der »Budo-Kampfkünste« vorgeschrieben, einer Spezialdisziplin, die auf wirksame Art den Menschen geschmeidig erhält und die Gehirnfunktion, den Kreislauf und den Stoffwechsel verbessert. Die Mönche fühlten sich länger jung und wurden ungewöhnlich alt. Ihr Wissen gaben sie von Generation zu Generation nur an ausgewählte Personen weiter. So auch an meinen alten Meister aus Seoul.

Die Mönche und Budokämpfer haben von der Natur gelernt. Tun wir ihnen das nach und studieren einmal den natürlichen Alterungsprozeß. Bei Tieren dauert die Lebensspanne ungefähr 5mal länger als die Wachstumsphase. Warum sollte das nicht auch für den Menschen gelten? Unsere Wachstumsphase beträgt zirka 20 Jahre. Ein Alter von 100 Jahren könnte also völlig normal sein. Doch die meisten Menschen haben spätestens ab 60 etliche Krankheiten, mit denen sie leben müssen. Und warum? Weil sie sich nicht genügend bewegen und im Alter langsam einrosten. Kinder haben noch den natürlichen Bewegungsdrang und sind sehr gelenkig. Im Rentenalter bewegen sich viele Menschen leider nur mehr sehr ökonomisch, als wäre jeder Schritt zuviel eine Sünde. So verkümmern automatisch die Muskeln, und der Körper wird steif.

Meine acht Mönchsübungen folgen der alten Überlieferung. Sie stärken Stufe um Stufe die innere Kraft – Voraussetzung dafür ist die regelmäßige Wiederholung. Es genügt, morgens oder abends jede Übung sechsmal auszuführen.

»Meister, ich bin aber kein Mönch«, jammerte neulich ein neuer Schüler. Der hochgewachsene junge Bursche saß auf dem hölzernen Studioboden und versuchte einen einfachen Scheidersitz (Stufe 4). Mit seinen spitz

**STUFE 7**
**Aufrecht stehen, die Beine schulterbreit, die Arme waagerecht zur Seite strecken. Dann leicht in die Knie gehen und den Körper langsam nach links wie einen Korkenzieher eindrehen. Dabei wird der rechte Arm in einem Bogen über den Kopf gebracht, der linke Arm entgegengesetzt hinter dem Rücken: Von einer Hand bis zur anderen entsteht eine S-förmige Linie. So weit eindrehen, bis die gekreuzten Beine als natürliche Bremse wirken. Den Kopf ebenfalls so weit wie möglich nach links drehen. Beim Eindrehen ausatmen, beim Zurückdrehen einatmen. Sechsmal wiederholen. WIRKUNG: Verbessert die Beweglichkeit; stärkt die Funktion der inneren Organe.**
▼

aufragenden Knien erinnerte er mich dabei an eine Heuschrecke. »Meister, ich glaube, wir Deutschen haben andere Hüftgelenke als die Koreaner«, schimpfte er. Ich mußte viel lachen, und bald lachten alle Schüler mit. Von allen Ausreden, die ich in meinem Trainerleben gehört habe, war das die absurdeste. Die Gelenke sind natürlich bei jedem Menschen gleich. Sogar steife Heuschreckenmenschen können mit Geduld geschmeidig wie eine Schlange werden.

Ach, Tiere haben's gut. Sie brauchen keinen Sport, denn sie müssen sich ihre Nahrung in der Natur selber suchen. So bleiben sie immer in Bewegung. Wir hingegen sitzen entspannt im Restaurant oder zu Hause und schlagen uns den Bauch voll. Daran ist nichts verkehrt, solange man zum Ausgleich das Richtige tut.

In meiner Heimat Korea heißt es, mit einer klaren Seele kann man viel erreichen – *Sim tchung sa da.*

**STUFE 8 ▶**
Im Sitzen den rechten Fuß seitlich ausstrecken, den linken Fuß anwinkeln und die Hüfte vom Boden abheben. Linkes Knie, Hüfte und gestrecktes rechtes Bein bilden eine Linie. Den rechten Arm in Schulterhöhe parallel zum rechten Bein strecken. Linke Hand in einem Bogen über den Kopf führen (Handfläche schaut Richtung Boden). Einatmen, dann ausatmen und den Oberkörper in Richtung gestrecktes Bein beugen. Der linke Arm unterstützt diese Bewegung, indem er in Richtung rechtes Bein drückt. Die Augen blicken zur rechten Hand. WIRKUNG: Verbessert die Durchblutung von Rumpf und Schultern; stärkt Bein- und Beckenmuskulatur.

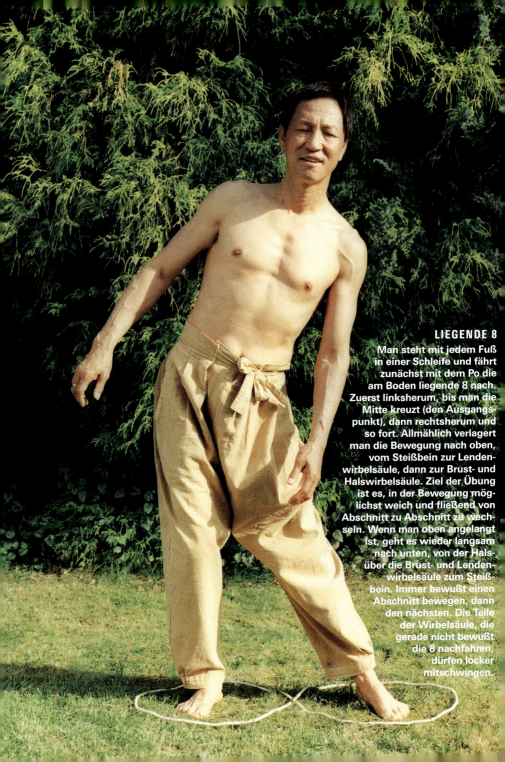

## LIEGENDE 8

Man steht mit jedem Fuß in einer Schleife und fährt zunächst mit dem Po die am Boden liegende 8 nach. Zuerst linksherum, bis man die Mitte kreuzt (den Ausgangspunkt), dann rechtsherum und so fort. Allmählich verlagert man die Bewegung nach oben, vom Steißbein zur Lendenwirbelsäule, dann zur Brust- und Halswirbelsäule. Ziel der Übung ist es, in der Bewegung möglichst weich und fließend von Abschnitt zu Abschnitt zu wechseln. Wenn man oben angelangt ist, geht es wieder langsam nach unten, von der Hals- über die Brust- und Lendenwirbelsäule zum Steißbein. Immer bewußt einen Abschnitt bewegen, dann den nächsten. Die Teile der Wirbelsäule, die gerade nicht bewußt die 8 nachfahren, dürfen locker mitschwingen.

Die Wolken suchen

EIN TINTENFISCH TRÄUMT
MANCHMAL VON EINER BUDDHISTISCHEN GÖTTIN,
DIE 26 HÄNDE HAT.

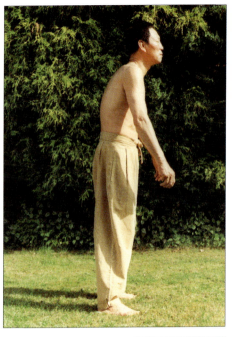

Ich glaube, daß es neben der Zeit noch eine andere Zeit gibt. Eine, die kein Vorwärts und Rückwärts kennt, sondern einfach nur dahingleitet wie eine Wolke oder Welle über das Meer. Jeder von uns war schon ein paarmal in dieser anderen Zeitzone, wenn er träumt oder verliebt ist. Oder so glücklich wie im 7. Himmel. Für uns Koreaner gibt es sogar einen 8. Himmel, weil wir die harmonisch geformte 8 als Glücksbringer verehren. Legt man die 8 auf den Bauch, sieht man das Unendlichkeitszeichen, ein Symbol von großer Kraft, das keinen Anfang und kein Ende kennt – wie der ewige Zyklus des Lebens. *Pal za zot ta*, sagt man in meiner Heimat – die 8 hat gute Aussichten. Was soviel bedeutet, wie auf Wolke 7 schweben.

Wäre es nicht wunderbar, wenn man öfter dorthin gehen könnte, wo es schön ist – so wie durch eine Wohnzimmertür in einen blühenden Garten?

Die Zahl 8 und meine Übungen helfen da-

### ◀ GROSSE WELLE ▶

Die Wirbelsäule wird wie eine Welle bewegt. Man beginnt mit dem Steißbein und versucht, mit dem Becken eine Kreisbewegung vorwärts zu machen. Dann wandert die Bewegung langsam nach oben zu Lenden-, Brust- und Halswirbelsäule. Oben angekommen, wird die Richtung geändert (Kreisbewegung rückwärts): Von der Halswirbelsäule geht es so abwärts bis zum Steißbein. Hier hilft es, wie auch bei den anderen Übungen, wenn man sich mit geschlossenen Augen genau auf die einzelnen Wirbelsäulenabschnitte und auf fließende Bewegungen konzentriert. Auch mit dem Kinn läßt sich eine Kreisbewegung vorwärts (und rückwärts) machen – dann entsteht automatisch eine Welle.

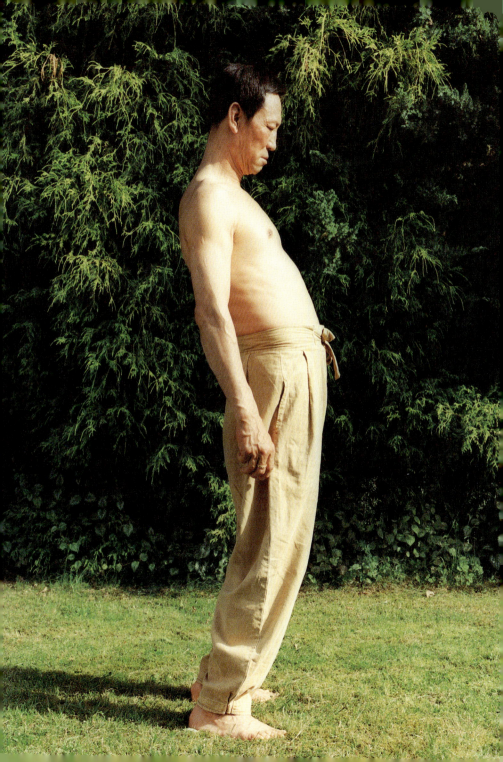

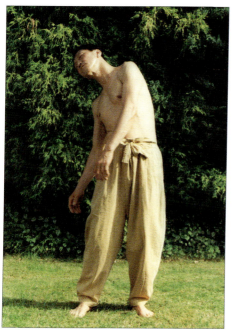

bei. Ich mache das immer mit einem kleinen Trick und lege mit einer Schnur eine 8 auf den Boden. Dann stelle ich mich hinein und schließe die Augen. Durch langsames Körperkreisen fahre ich die am Boden liegende 8 nach. Es beginnt mit einem Kreisen aus der Hüfte heraus, bis auch mein Kopf im Rhythmus der 8 schwingt. Das entspannt die Wirbelsäule vom Steißbein bis zum Halswirbel.
Alle meine Übungen, »Liegende 8«, »Große Welle«, »Pendel« und »Kreis«, funktionieren nach dem gleichen Prinzip: Die Geschmeidigkeit jedes einzelnen Wirbels wird durch Drehen oder Pendeln verbessert. Der gewünschte Nebeneffekt dabei: Das Gehirn wird besser durchblutet. Schon nach wenigen Minuten fühlt man sich frei und erfrischt – so richtig: *Pal za zot ta.*
Häufig hängen Lustlosigkeit, Konzentrationsschwäche und sogar nervöser Streß mit Rückenproblemen zusammen. Die Ursachen können so simpel sein wie eine falsche Sitzhaltung im Büro oder eine zu weiche Matratze. Meine Übungen können solche Verkrampfungen lösen – damit die Wirbelsäule wieder ins Lot kommt.
Es hilft, wenn man während der Körperbewegung alle lästigen Gedanken ausblendet und sich mit geschlossenen Augen vorstellt, ein Held zu sein oder ganz allein auf einer großen Bühne zu stehen: wie ein Balletttänzer vielleicht, wie eine Primaballerina oder als der beste Geigenspieler der Welt.
Ich verwandele mich gern in einen Riesenkraken: Wie ihre Tentakel in der Meeresbrandung schaukeln meine Wirbel und Arme locker hin und her.
Einer meiner Schüler malt sich immer aus, er wäre ein Surfer und ritte auf einer endlosen Welle. Andere bevorzugen wabernde Sphärenmusik, um sich in eine Stimmung zu bringen, bei der es leichter fällt, Körper und Geist in Einklang zu bringen.
Ich mach' das anders. Mit einem Lächeln im Gesicht.

## ◀ PENDEL

Mit dem Steißbein beginnen und harmonisch von rechts nach links pendeln. Dann verlagert man die Pendelbewegung langsam nach oben, vom Steißbein zu den Lendenwirbeln, von den Brustwirbeln bis zur Halswirbelsäule. Oben angekommen, geht es langsam wieder zurück zur Brust- und Lendenwirbelsäule und zum Steißbein. Der Pendelausschlag wird nach oben hin immer größer. Stellen Sie sich vor, Sie hätten einen Katzenschwanz und müßten damit von links nach rechts den Boden streicheln.

## KREIS ▶

Die Füße stehen fest auf dem Boden; gedreht wird nur der Oberkörper. Mit der Hüfte beginnend, macht man abwechselnd eine Drehung nach links und nach rechts. Die Arme schwingen locker mit. Als nächstes wird die Bewegung nach oben zur Lendenwirbelsäule verlagert, dann zur Brust- und schließlich zur Halswirbelsäule – hier schwingen die Arme automatisch am stärksten mit. Wenn es wieder nach unten geht – von der Halswirbelsäule zum Steißbein –, nimmt das Armpendeln wieder ab.

Herzhaftes Lachen macht schöner als die teuerste Kosmetik.

Die Gedanken massieren

JEDER VON UNS
HAT EINEN PARADIESVOGEL IN SICH.
WAS FÜR EIN GLÜCK.

Waren Sie schon mal in Hamburg? Bei den Leuten, die in Bayern Fischköpfe heißen? Ich war vor kurzem dort, die Sonne schien, aber ich sah ein paar Gestalten, die bewegten sich durch die Straßen, als ob es regnete, mit hochgezogenen Schultern. In meiner Heimat haben wir für diese stocksteifen Typen ein paar Spitznamen, wir nennen sie *Uchang dullersutta*, »Der einen steifen Strohmantel trägt«, oder *Bimazyun zahng tag kata*, »Der ein nasses Huhn am Markt ist«.

Wir sind keine Vögel, was man unter anderem daran sieht, daß wir steife Hälse haben. Wir picken nicht elegant in alle Richtungen nach Körnern oder Würmern, meistens blicken wir geradeaus und bewegen den Hals nur noch zum Abnicken oder Weggucken.

Ob steife Körper nur steif denken können, weiß ich nicht, ich will es auch gar nicht wissen. Ich mache lieber meine Übungen und versuche, locker zu bleiben. Bekämpfen wir die Steifheit, wo immer sie uns begegnet.

Vertreiben wir den Starrsinn mit Gedankenmassage. Ich mache das so: Ich hänge mir einen Paradiesvogel an die Wand (Abbildung rechts) und lasse mich von ihm verzaubern. Einfach mit dem Kopf dreimal die weich geschwungenen Linien des Schriftzeichens Bong nachmalen. Das lockert und stabilisiert das Genick. Dabei möglichst große Bewegungen durchführen. Die Paradiesvogelübung bewegt die Halswirbelsäule in alle Richtungen.

Wer viel sitzen muß, kann so lernen, die Trägheit in Leichtigkeit zu verwandeln. (Alle Übungen, über den Tag verteilt, mehrmals ausführen.)

Bong, das chinesische Zeichen für den Paradiesvogel, wirkt Wunder gegen den Starrsinn. Mit dem Kopf in Pfeilrichtung die Linien von 1 bis 14 nachmalen – und die Gedanken fangen an zu fliegen.

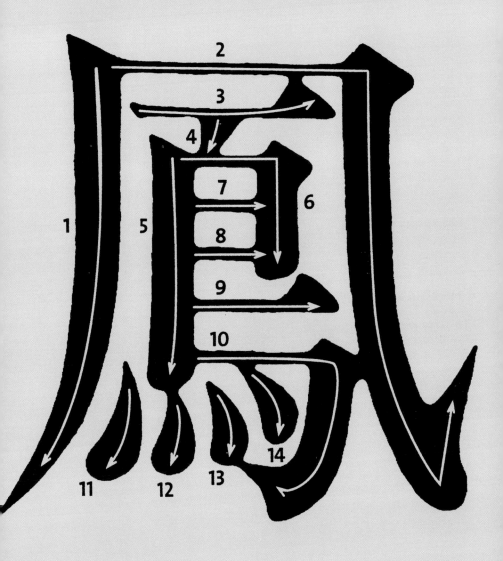

## DIE GEDANKEN BEFLÜGELN

Die Zeigefinger in die Schläfengrube drücken und im Uhrzeigersinn kreisen lassen. Dabei leicht mit den Augen rollen. Hilft gegen Müdigkeit, Konzentrationsschwäche und Kopfschmerzen.

Mit der Hand unter festem Druck von der Stirn bis zum Nacken durch die Haare fahren. Durchblutet die Kopfhaut, belebt und stärkt obendrein die Haarfestigkeit. Augentraining: In die Hand schauen, als wollte man in den Linien lesen. Den Abstand vom Auge zur Hand auf 10, 20, 40 Zentimeter verändern und jeweils scharf einstellen.

Sich eine Spirale auf der Handfläche vorstellen und die Windungen mit den Augen nachrollen (fünfmal im Uhrzeigersinn und entgegengesetzt). Hilft gezielt bei Überlastung der Augen und des Gehirns speziell bei Computerarbeit.

## DEN BÜROSCHLAF VERMEIDEN

Mit der Handfläche vom Ohr zur Schulter abwärts reiben. Danach mit der Hand den Hals umfassen, den Kopf von rechts nach links drehen und dabei die Hand den Hals entlang nach vorn ziehen. Die Hände auf die Schultern legen und mit den Fingerspitzen auf die Schultermuskulatur drücken.

Den Kopf zuerst nach links drehen und über die Schultern nach hinten schauen, dann nach rechts. Im Sitzen die Bein- und Armmuskulatur kurz anspannen und wieder loslassen. Anschließend den Kopf stark nach vorn beugen, wieder aufrichten und entspannt mit offenem Mund nach hinten über die Stuhllehne baumeln lassen.

## DIE GROSSE BEDEUTUNG DES LACHENS

Für eine glückliche Seele ist das Lachen unentbehrlich. Diese Freude kann man verschenken. Ich übe das regelmäßig mit meinen Schülern. Zuerst lache ich so lange, bis es alle ansteckt. Dann gibt es kein Halten mehr. Richtig herzhaftes Lachen, bei dem die Zähne gezeigt werden, bewegt mehr als 230 der rund 640 Muskeln im menschlichen Körper. Es bringt das Zwerchfell in Bewegung und uns dem Weinen nahe. Eine Minute Lachen hat die gleiche Wirkung wie zehn Minuten Jogging. Und es macht uns schöner noch als die teuerste Kosmetik. Lachen kostet nichts, und wir müssen dafür keine Steuern bezahlen.

▶ Wie man Kopfschmerzen vertreibt, wach bleibt und obendrein einer Glatze vorbeugt: Einfach die Zeigefinger in die Schläfengrube drücken und im Uhrzeigersinn massieren. Dabei mit den Augen rollen. Danach sich öfter mal durch die Haare fahren. Das durchblutet ganz enorm die Kopfhaut.

### DIE INNERE KRAFT STÄRKEN
Wer die Grundlagen der Selbstverteidigung versteht, wird automatisch selbstbewußter. Unser Fallbeispiel 1 zeigt, wie man mit gestrecktem Bein einen möglichen Angriff (Rundkick) abblockt. Der Fuß wird dabei quer zum Bein des Angreifers gehalten. Bitte nur andeuten, nicht zutreten. Zur Vorbereitung: Treten – Seite 156.

# Das Prinzip Maulwurf

EIN MAULWURF FINDET IMMER SEINEN WEG.
WOHIN DIE HÄNDE GEHEN, GEHT AUCH SEINE SEELE.

## STÄRKUNG VON SCHULTERGELENK UND BRUSTWIRBELSÄULE

**Fallbeispiel 2:** Mann greift von hinten um eine Frau. Eine Hand liegt auf ihrer Brust, die andere umschlingt den Bauch. Abwehr: Die Frau hält mit der linken Hand das Genick des Angreifers, als wollte sie ihn beruhigen, dann folgt ein blitzschneller Fauststoß mit rechts direkt auf das Nasenbein. (Beim Training nur andeuten!)
**VORBEREITUNG:** Boxen – siehe Seite 157.
▼

Angst ist wie Schimmel. Wenn man sie erst einmal hat, wächst sie als widerlicher kleiner Pilz in uns heran und vergiftet die Sinne. Nichts geht mehr, weil Verstand und Körper blockiert sind. Angst hat eine häßliche Schwester, die heißt Unsicherheit oder auch mangelndes Selbstvertrauen.

### WIE MAN DIE ANGST BESIEGT: MIT LUFT

In uns allen steckt von Geburt an eine unsichtbare Kraft, die uns am Leben hält. Die Chinesen nennen diese Kraft seit Jahrtausenden das »Chi«. Ursprünglich trainierte man das Chi, um den Kampfgeist der Soldaten zu stärken. Heute dienen »Tai-Chi«, Schattenboxen, »Qi-Gong« und viele andere aus traditionellen Kampftechniken entstandene Methoden dazu, durch gezielte Atem- und Körperübungen die inneren Energiezonen zu stimulieren.

Chi heißt wörtlich nur »Luft« oder »Atmen« – aber bedeutet viel mehr: Chi ist die

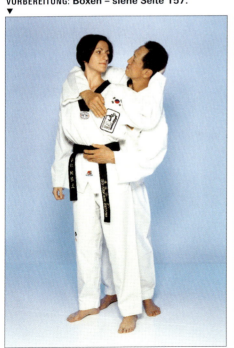

Energiequelle des Lebens. Es gibt Menschen mit viel Chi und mit weniger Chi. In Asien sagt man, wenn jemand kein Chi mehr hat, ist er schon so gut wie tot. Es gibt berühmte Chi-Meister, die allein durch Konzentration über eine Entfernung von Tausenden von Kilometern einen kranken Schüler heilen können. Der sterbende chinesische Staatspräsident Deng Xiao Ping ließ sich jahrelang von Chi-Meistern am Leben halten, die ihm Energie spendeten.

Jeder von uns hat das Chi in einfacher Form schon gespürt. Wenn ein selbstbewußter charismatischer Mensch einen Raum betritt, fühlt man seine Kraft. Warum sind manche Showmaster und Schauspieler so erfolgreich? Alles Chi! Nichts davon bei verkniffenen, unsicheren Menschen, die, schon bevor sie den Mund aufmachen, ihr Problem durch die Körperhaltung ausdrücken.

Meine Übungen in diesem Buch helfen allgemein das Chi, die Lebensgeister, in uns zu

## STÄRKUNG DER HANDGELENKE

Fallbeispiel 3: Ein Angreifer hält einen von hinten an den Handgelenken fest. WICHTIG: Die Hände ganz locker lassen. Die Schultern ganz leicht in Richtung des Gegners bewegen. Dann das Gewicht nach unten verlagern, indem man ganz leicht in die Hocke geht. Dabei werden die Hände wie eine Schaufel oder eine Hacke eingeknickt. Die Arme jetzt mit einer ruckvollen Bewegung nach unten führen. Die Handgelenke mit der Schaufelhand drehen sich hierbei um etwa 90 Grad. VORBEREITUNG: Maulwurfshände – siehe Seite 159.
▼

## TRETEN

Vorbereitung für Fallbeispiel 1:
Gerade stehen. Rechtes Bein bis zum Hüftgelenk heben und ausstrecken. Dann rechten Spann hinter die linke Kniekehle führen. Jetzt mit der rechten Innenfußkante in Schienbeinhöhe kicken. Stärkt Bein-, Hüft-, Knie- und Fußgelenke.
▼

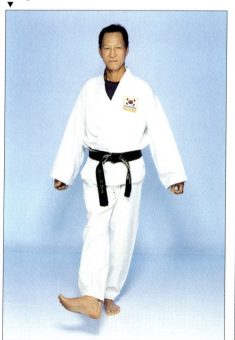

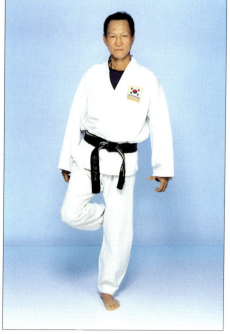

## ◀ BEFREIEN

Gerade stehen. Den rechten Arm heben. Die Handfläche zeigt gerade nach oben. Dann den rechten Arm nach hinten führen, bis der ausgestreckte Arm in waagrechter Position steht (Photo links), Handfläche zeigt jetzt nach unten. Ungefähr 20 Sekunden aushalten, dann lockerlassen und mit dem linken Arm die Übung wiederholen. Das stärkt das Schultergelenk. Im Angriffsfall befreit man sich durch diese Bewegung aus einem Würgegriff (Angreifer von hinten). Die nach hinten geführte Hand greift den Arm des Angreifers; dann dreht man sich blitzschnell zu ihm und führt einen Kniestoß aus.

## BOXEN

Vorbereitung für Fallbeispiel 2: Gerade stehen. Die rechte Faust mit Schwung über die linke Schulter führen und umgekehrt. Dabei den Kopf in die Schlagrichtung mitdrehen. Die Augen folgen der Faust.
▼

stärken und zu wecken. Hilfreich ist, wenn man zusätzlich die Grundlagen der Selbstverteidigung erlernt (vgl. auch Den Bambus biegen S. 70). Wer genug Chi in sich hat, ist selbstbewußt – und wer selbstbewußt ist, kann in einer Notlage mutig die Situation meistern. Auch wer nie angeriffen wird, kann mit den Übungen seine Arme, Beine und Schultern geschmeidig machen.

**WARUM DER MAULWURF ZU BENEIDEN IST**
Einfach abtauchen und den Kopf in den Sand stecken. Ich wäre gerne ein unbekümmerter Maulwurf: Mit Bohrerkopf wühlte ich mich durchs Erdreich und schaufelte mit extragroßen Paddelhänden alles weg, was mir im Weg stünde. Schwimmen unter der Erde. Ganz lässig schlage ich ein paar Wellen – und setze den Menschen ein paar unheimlich wichtige Hügel vor die Nase. Ich fange sofort an und trainiere meine Hände, bis sie denen eines Maulwurfs gleichen.

**STÄRKUNG DER BEINE UND DES GLEICHGEWICHTS**
Leicht gespreizt hinstellen. Die Arme entspannt hängen lassen. Jetzt abwechselnd ein Bein so hoch es geht anheben; das Knie anwinkeln und eine Stoßbewegung machen, als möchte man einem Gegner zwischen den Beinen treffen.
▼

◀ **MAULWURFSHÄNDE**

Vorbereitung für Fallbeispiel 3: Beide Hände ausstrecken und die Hände schaufelförmig nach außen drehen. Die äußeren Handflächen wie auf dem Bild links zusammenhalten und Schwimmbewegungen machen. Dann beide Hände nach unten drücken (Bild unten links) und paddeln. Schließlich beide Arme am Puls zusammenlegen und mit den Handflächen nach außen rudern (Photo unten rechts).

## LUFT-TAUCHEN

Diese Übung kann man im Lotussitz, im Schneidersitz und auch auf den Knien machen. Den Rücken geradehalten und beide Arme nach oben strecken – die Hände dabei über Kreuz zusammenfalten. Nun dehnen und strecken, so weit es geht – abwechselnd nach oben, nach links und nach rechts.
EFFEKT: Die Lenden- und die Flankenmuskeln werden gedehnt und gestärkt. Die Wirbelsäule wird gut durchblutet und dadurch elastischer.

An Land schwimmen

DELPHINE SIND
BENEIDENSWERT:
SIE HABEN NIE
RÜCKENSCHMERZEN.

**S**ind wir Menschen nicht rätselhafte Wesen? Träumen vom Fliegen, obwohl wir keine Flügel haben. Wollen ans Meer, obwohl wir keine Flossen haben. Ob die Vögel sich andererseits wünschen, Porsche zu fahren? Oder Delphine daran denken, Lottoscheine auszufüllen? Ich weiß es nicht.

Ich weiß nur, daß sitzende Vögel und schreibende Delphine schon bald die gleichen Probleme wie wir Menschen hätten: steife Hälse, Kreuzschmerzen und immer diese Sehnsucht im Kopf, irgendwohin zu wollen, wo alles größer, schöner und weiter ist. Wo der tolpatschige Körper sich nicht mehr fühlen muß wie ein Fisch auf dem Trockenen.

Was soll man also tun? Ich schlage vor, daß wir alle mit unseren komischen unförmigen Körpern endlich schwimmen lernen. Nicht im Wasser, sondern an Land – überall, im Supermarkt, im Auto, im Café, bei der Arbeit. Ich mache das so: Ich setze mich ein paar Minuten auf den Boden und pflege meine Geschmeidigkeit. Wenn die Wirbelsäule elastisch ist, geht das Schwimmen an Land ganz einfach. Egal wo, ich achte auf meine Körperhaltung. Immer!

## WIE MAN RICHTIG SITZT

Ideal ist es, wenn der Oberkörper aufrecht gehalten wird und beide Füße auf dem Boden aufgesetzt werden. Die Schultern und die Lendenwirbel sollten gerade an der Stuhllehne anliegen. Sitzt man längere Zeit, ist es für die Wirbelsäule sehr angenehm, wenn der Rücken stündlich einmal kurz durchgestreckt wird. Sich hinlümmeln oder die Beine überschlagen wirkt sich besonders schädlich auf die Wirbelsäule aus.

## WIE MAN RICHTIG GEHT UND SICH BÜCKT

Beim Stehen oder Gehen sollte man daran denken, den Bauch nicht herauszustrecken und kein Hohlkreuz zu machen. Auch das Hängenlassen der Schultern nach vorn unbedingt vermeiden. Beim Bücken oder beim

### DEM HEXENSCHUSS AUSWEICHEN ▸

Eine falsche Bewegung (etwa ein Buch aus dem Regal ziehen oder ein Biertragerl heben), und schon ist es passiert: Hexenschuß. Die Übungen können vorbeugen und Erste Hilfe leisten.

1. Im Stehen den Oberkörper locker und langsam nach vorn beugen, die Arme zum Boden hängen lassen. Sich immer weiter fallen lassen, bis die Hände die Fußspitzen berühren.

2. Auf den Rücken legen (ohne Photo) und mit den Fingerspitzen beider Hände unter mäßigem Druck von der Leiste bis zum Brustbein streichen, als ob man Magen und Darm in den Brustkasten schieben wollte. Fünfzig- bis sechzigmal wiederholen.

3. Im Sitzen oder auf dem Bauch liegend mit den Daumen einmal in die Kniekehlen drücken (ohne Photo). Geht am besten zu zweit. EFFEKT: entspannend und schmerzlindernd.
▼

## ◀ DIE WIRBELSÄULE ÖLEN

Aufrecht hinsetzen und die Beine ausstrecken. Die Fußspitzen zeigen nach oben. Die Arme hinter dem Kopf verschränken. Es kommt nun darauf an, abwechselnd mit den Ellbogen den Boden zu berühren. Zuerst wird der linke Ellbogen neben dem linken Knie aufgesetzt. Der rechte Ellbogen zeigt senkrecht nach oben. Dann wieder aufrichten und den rechten Ellbogen neben dem rechten Knie aufsetzen. EFFEKT: Durch die Drehbewegung wird die Wirbelsäule eingerenkt und werden die Muskeln gedehnt.

## MIT DEM KNIE DEN MAGEN AUFRÄUMEN

Auf dem Rücken liegend das linke Bein anziehen und das Knie mit Hilfe der Arme zur Brust ziehen. Mit dem Kinn auf das Knie drücken. Das rechte Bein ausgestreckt am Boden halten. Anschließend das linke Bein ausstrecken und das rechte Bein anziehen. EFFEKT: Stimuliert den Magen-Darm-Bereich, fördert die Durchblutung, beugt Rückenschmerzen vor.
▼

Aufheben von Gegenständen – besonders von schweren – ist darauf zu achten, daß man nicht aus dem Kreuz heraus hebt, sondern zuerst in die Hocke geht, den Rücken gerade läßt und dadurch die Kraft der Oberschenkel nutzt.

**WIE MAN RICHTIG LIEGT**
Für die Wirbelsäule ist es am besten, wenn man mit geradem Rücken, flachem Kopfkissen und leicht nach links oder rechts geneigtem Hals schläft. Zusätzlich entlastend wirkt eine Kissenrolle, unter das Knie gelegt. Die Wirbelsäule liegt dann in ihrer ganzen Länge auf der Matratze auf und entspannt sich. Bei seitlichem Liegen sollten die Beine leicht angewinkelt werden (Embryohaltung) und zwischen die Knie ein Kissen gelegt werden.

**WIE DIE WIRBELSÄULE FUNKTIONIERT**
Die Wirbelsäule besteht aus sieben Halswirbeln (sehr beweglich), zwölf Brustwirbeln (mäßig beweglich) und fünf Lendenwirbeln. Entlang der Wirbelsäule verläuft unser Hauptnervenstrang (Rückenmark). Zwischen jedem Wirbelpaar befindet sich eine Bandscheibe, die wie ein Stoßdämpfer die Wirbelsäule abfedert. Die 23 Bandscheiben sind aus einem weichen Gallertkern, der von einem festeren Faserknorpel umgeben ist. Sehr schmerzhaft ist ein Bandscheibenvorfall: wenn im Faserknorpel Risse auftreten. Bei jeder Belastung werden dann Teile des Gallertkerns aus der Bandscheibe gepreßt und drücken auf Rückenmark und Nervenstränge. Meine Übungen können helfen, die Wirbelsäule länger jung zu erhalten. Lernen Sie Trockenschwimmen, dann kann Ihnen auch ein Hexenschuß nichts anhaben. In Korea gibt es ein Sprichwort: »Wer das Angeln beherrscht, kann immer genug Fische fangen.« Das heißt: Wer sich selbst helfen kann, braucht nicht so oft zum Arzt gehen. Und wer an Land schwimmen kann, dem wachsen bald im Alltag riesengroße Flügel.

**DER EMBRYO-EFFEKT**
Im Sitzen oder im Liegen die Embryohaltung einnehmen. Die Knie mit den Armen umfassen und so weit wie möglich zum Körper ziehen. Der Rücken wird zum Katzenbuckel.
EFFEKT: wunderbare Entspannung der Wirbelsäule. Diese einfache Übung ist auch zur Vorbeugung und als Soforthilfe bei Hexenschuß geeignet.

## DEN KÄFIG SPRENGEN

Sich auf die Zehenspitzen stellen, die Knie gestreckt halten. Mit den Handflächen abstützen und den Po zum Berggipfel werden lassen. Der Löwenkäfig zerspringt.

# Das Licht essen

LÖWEN LEBEN 13 JAHRE –
11 JAHRE DAVON SCHLAFEN SIE.

Der Mann sah müde aus und grau. Er sagte: »Ich bin der Frühling.« Ich sagte nichts. »Wollen Sie nicht wissen, warum ich zu Ihnen komme?« Dann gähnte er und gähnte und hörte einfach nicht mehr auf.
Komisch, gestern war einer da, der nannte sich Winter und hatte das gleiche Problem. Er war so schlapp, daß er zu mir in Zeitlupe sprach: »Will schlaaaafen, nur noch schlaaaaafen.«
Die Frühjahrsmüdigkeit hat München erreicht, und langsam breitet sie sich in ganz Deutschland aus. Augsburg wird überrannt, Berlin im Sturm genommen, und in Hamburg, so liest man, schnarcht die ganze Stadt.
»Hallo, hört mich noch jemand? Bitte aufwachen! Sollen die Blumen ohne euch blühen?«
Bekämpfen wir die Lustlosigkeit mit einem Trick, bevor sie sich tief in unsere Gedanken geschlichen hat! Ich mache das so: Ich stelle mich einfach tot und wache dann doppelt so wach wieder auf. Meine Übungen erzählen eine Geschichte, in der Sie lernen, wie man Schritt für Schritt aus dem Winterschlaf ins Leben zurückfindet. Alles beginnt mit dem Erwachen in einem engen Löwenkäfig. Durch Strecken und Dehnen lädt sich der Körper langsam mit Frühlingsenergie auf, bis er am Ende den Käfig sprengt.

## WIE MAN EINSEITIGE ERNÄHRUNG AUSGLEICHT

Der Körper braucht Vitamin B 1 und B 2 (Eßt Sellerie!), Vitamin C und viel Eiweiß (Probiert Fisch, Tofu, rote Bohnen!). Dazu viel »lebendiges Wasser« trinken.

## WARUM DAS GLÜCK EINFACH IST

Manchmal genügt ein Bad im Licht, um auf andere Gedanken zu kommen. Gehen Sie für ein paar Minuten nach draußen und drehen die Handflächen zum Himmel. Wenn dazu noch die Sonne scheint, öffnen sich Blüten in Ihrem Herzen. Essen Sie mehr Licht!

### IM LÖWENKÄFIG ▶
Stellen Sie sich vor, Sie erwachen in einem Käfig, sind aber noch zu schwach, um auszubrechen. Im Liegen nach oben schauen, die Arme und Beine ausstrecken. Sich dabei zweimal ganz lang machen, als wollte man den Käfig auseinanderdrücken.

### KRÄFTE SAMMELN ▶
Entspannt auf dem Bauch liegen und die Arme nach vorn ausstrecken. Mit dem Kopf auf dem Boden locker von links nach rechts und zurück rollen. Daran denken, daß sich unser (in Asien gebräuchlicher) Käfig nur oben öffnen läßt. Sich darauf konzentrieren, den Deckel bald zu heben.

### LUFT TANKEN ▶
Mit den Händen abstützen und den Oberkörper langsam aufrichten. Wie ein auftauchender Fisch nach Luft schnappen und versuchen, den imaginären Deckel zu heben, am höchsten Punkt die Luft kurz anhalten. Lockerlassen, Oberkörper weich absenken, ausatmen.

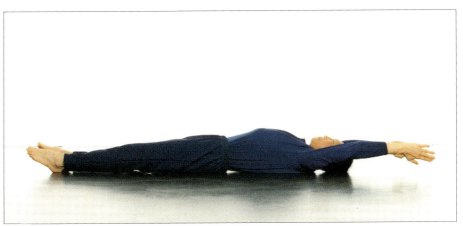

## PO-KRAFT

Auf dem Bauch liegend die Hüfte anheben, Oberkörper nachziehen und den Po, soweit wie möglich, nach oben recken, den Bauch nach unten drücken. Zu schwer? Dann in der Position beginnen, die das Photo zeigt.

## RÜCKEN-KRAFT

In der gleichen Stellung (wie Po-Kraft) beginnen und den Po langsam absenken. Auf den Fersen sitzen bleiben und einen runden Rücken machen. Die Hände bleiben nach vorn ausgestreckt.

## EINE BRÜCKE BAUEN

Den Po wieder anheben. Gleichzeitig die Hände zum Abstützen heranziehen. Etwa so weit, bis man fest mit dem Boden verwurzelt ist wie eine Brücke. Schulter- und Hüftgelenk sind im 90-Grad-Winkel.

## KATZENBUCKEL

Einen Buckel machen und versuchen, den Deckel des Löwenkäfigs damit anzuheben. Dabei einatmen. Beim Ausatmen den Bauch kräftig zu Boden drücken, bis man aussieht wie ein Hängebauchschwein. Dann den Käfig sprengen (siehe Seite 168).

## DEN MOMENT GENIESSEN

Von den Zehenspitzen in den Stand wechseln; den Körper tief beugen, bis der Kopf die Beine berührt. Die Hände neben den Füßen am Boden aufstützen. (Wer nicht so tief kommt, streckt die Hände, soweit es geht, nach unten.) Einen Augenblick lang so verharren.

## IM GLÜCK BADEN
Jetzt ist der Moment da: sich langsam und in einer geschmeidigen Bewegung aufrichten und die Hände zum Himmel strecken. Danach ein Glas »lebendiges Wasser« trinken. WIRKUNG: Zellenwiederbelebung: Man fühlt sich ausgeglichen und voller Energie. Die Körperhaltung verbessert sich (alle Muskeln werden gedehnt). Die Brustwirbelsäule wird elastischer.

**SORGENFREI**
Meister Seo demonstriert hier, wie man einen Kater loswird: einfach in Gedanken ein Handtuch auswringen. Mit (Dreh-) Kraft auspressen – und entspannen. Das macht den Kopf klar.

# Bier und Honig

DER KUH SCHLÄGT
NICHTS AUF DEN MAGEN.
DENN SIE HAT EIN
GUTES HERZ.

Immer, wenn sich der Herbst in meine Gedanken schleicht, muß ich an die Kuh denken. Die Kuh jammert nicht, macht höchstens mal muuuh und steht den ganzen Tag kauend auf der Wiese. Ein Sprichwort in Korea sagt: *So gatschi il handa*, was soviel heißt wie: »Mach's mal wie die Kuh.« Nicht lange rumreden und meckern: einfach stoisch den Job erledigen. Da sind Kühe richtige Vorbilder.

In Deutschland wird die Weisheit der Kühe unterschätzt, ich höre die Leute dauernd »Du blöde Kuh« schimpfen. Da stehen sich zwei Besoffene im Weg, worauf bald beide rufen: »Du blöde Kuh!« Und dann stieren sie sich an mit Kuhaugen. Bringt aber gar nichts. Am nächsten Tag haben sie dann einen riesen Brummschädel vom vielen Bier und die Erkenntnis: »Ich blöde Kuh.«

Meine Übungen machen den Kopf nach einem Rausch wieder klar und vertreiben den Herbstnebel aus unseren Gedanken.

### VOGELFREI ▶

Tun wir mal so, als könnten wir fliegen. Die Arme zur Seite ausstrecken wie zwei Flügel. Dann zuerst mit dem linken Arm Propellerbewegungen machen (zehnmal), anschließend mit dem rechten. Arme ausschütteln und nun mit beiden Armen und weit gespreizten Fingern eine riesige Null in die Luft malen. Das entspannt.

### ◀ SCHWINDELFREI

Locker hinstellen und eine riesengroße Acht in die Luft malen. Zuerst mit dem linken Arm (zehnmal), dann mit dem rechten und schließlich mit beiden Armen. Die Bewegung mit der Hüfte abfedern. Das stärkt die Bodenhaftung.

### ◄ BAUCHFREI

Am Tag danach braucht der Körper Sauerstoff, damit die Schadstoffe im Blut schneller abgebaut werden können. Die Arme nach oben strecken – und tief einatmen; zuerst den Bauch und dann die Lunge füllen. Dann die Knie leicht anwinkeln und den Oberkörper mit den Händen auf den Knien abstützen. Mit dem Ausatmen beginnen: den Bauch dabei, so weit es geht, einziehen und die Luft wie bei einem Blasebalg auspressen. Das belebt.

### ALKOHOLFREI ►

Sich vorstellen, man könnte alles, was einen quält, ganz einfach ausschütteln. Beide Hände über dem Kopf ausstrecken und zu Fäusten ballen. Dann mit aller Kraft nach unten schnellen lassen – und die Hände am tiefsten Punkt öffnen. Das durchblutet.

## WIE MAN ZWEI MASS BIER TRINKT UND HALBWEGS FIT BLEIBT

In meiner Heimat gibt der Gastgeber vor einem Fest seinen Gästen ein paar Tips, um sie vor Schaden zu bewahren: Sitzen Sie beim Trinken gerade, und schauen Sie ab und zu über Ihre Schultern nach hinten. Abwechselnd den Kopf so weit nach links und nach rechts drehen, bis man auf den eigenen Rücken herabblicken kann (die Wirbelsäule entlang). Dies sorgt für bessere Durchblutung des Kopfes und macht den verspannten Nacken locker. Statt eine Maß nach der anderen zu stemmen, sollte man zwischendurch viel Wasser trinken – das verdünnt den Alkohol im Blut, löscht den übermäßigen Durst und beugt so dem »Brand« am nächsten Morgen vor. Koreaner schwören bei großen Gelagen auch auf die Honigtherapie. Die funktioniert sogar auf dem berühmten Oktoberfest in München: ein paar Löffel Honig, im Festzelt eingenommen, wirken Wunder – sie verhindern die Unterzuckerung des Körpers. Ich selbst trinke keinen Alkohol, nur Wasser und grünen Tee. Bier sollte man in Maßen genießen: Bitte nicht Kampftrinken! Mein alter Lehrer in Seoul hat immer gesagt: »Erst trinkt der Mann den Alkohol, dann trinkt der Alkohol den Alkohol, und am Ende trinkt der Alkohol den Mann.«

## WIE MAN DEN TAG DANACH ÜBERSTEHT

Die Leber kann zuviel Alkohol nicht verarbeiten, es bleiben Rückstände, die zum Kater führen. Falsch ist es, sich in eine dunkle Kammer zurückzuziehen. Der Körper braucht jetzt Licht, Sauerstoff und viel Bewegung. Die Antriebslosigkeit unter der man leidet, ist zu vergleichen mit einer kleinen Depression. Eine einfache Lichttherapie hilft: in die Natur gehen und zum Himmel blicken. Das regt im Gehirn die Produktion der „Gute-Laune-Hormone" an (Noradrenalin und Serotonin). Der Kater läuft weg. Und man kann wieder an wunderschöne Kühe denken.

## AFFENMUTTER MIT KIND

Affen haben eine besondere Art, ihre Arme zu bewegen. Das kann man üben, wenn man sich vorstellt, eine Schimpansenmutter zu sein, die ihr kleines Kind auf dem Rücken trägt. Im Sitzen (wie Photo) zuerst mit dem rechten Arm um das angewinkelte Knie greifen. Dann den anderen Arm nach hinten drehen; beide Hände liegen übereinander. Das lockert Schultergelenke und die Wirbelsäule.

# Von Menschen und Affen

EINES TAGES FINDET JEDER AFFE SEINEN MEISTER...

"Du blöder Aff'!« heißt es in Bayern, wenn sich einer besonders dumm anstellt. Und bei einem ganz Gerissenen sagt man anerkennend: »A Hund is er scho« Ich grinse dann wie ein Pferd und frage mich, ob die Tiere genauso über uns denken. Vielleicht halten die Affen im Zoo uns für die eigentlichen Tiere – wie wir uns vorm Käfig zum Affen machen.

## SICH BEWEGEN WIE EIN TIER

Für mich sind Tiere Vorbilder. Viele meiner Übungen sind von der Anmut wilder Tiere inspiriert. Sich bewegen »wie ein Tier« ist für mich Ausdruck größter Natürlichkeit.

## MEIN HUND NIKKI

Immer wieder werde ich nach meinem Lieblingstier gefragt. Tiger? Oder vielleicht eine Katze – wegen der Geschmeidigkeit? Nein. Mein Lieblingstier ist der Hund. Genauer: mein Hund Nikki, ein schwarzer Cockerspaniel. Er war 16 Jahre lang mein Freund und

**SALAMANDER ▶**
Mit dem Bauch nach unten flach auf den Boden legen. Dann kriechen wie Lurchi. Das heißt: nur durch die Bewegung der Unterarme und Unterschenkel. Versuchen Sie so eine möglichst große Strecke zurückzulegen. Unterarme und Unterschenkel sollen dabei möglichst flach am Boden bewegt werden. Das verbessert die Bewegungskoordination und stärkt die Rückenmuskulatur und das Becken. Die Übung ist in der Ruhestellung auch entspannend.

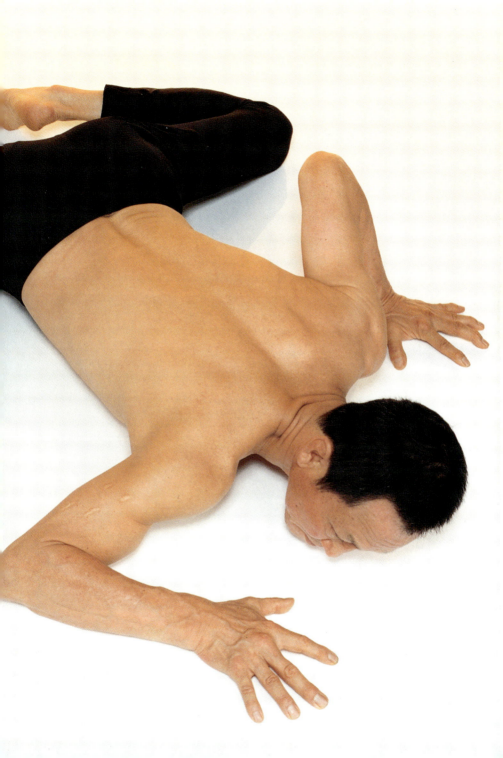

Begleiter – vor kurzem ist er gestorben. Nikki kannte alle Übungen. Am meisten mochte ich seine Geduld, eine Eigenschaft, die ich erst jetzt, im sechsten Lebensjahrzehnt gelernt habe – ausgerechnet auf dem Kilimandscharo.

## WIE ICH ALS PINGUIN DIE LANGSAMKEIT ERLERNTE

Für die Einheimischen ist der Kilimandscharo der »Berg des bösen Geistes« – für mich war die Besteigung ein Lebenstraum. Doch trotz besseren Wissens wurde ich unvernünftig. »Pole, Pole«, das heißt »langsam, langsam«, hatte mir der Bergführer eingeschärft: »Wenn du schnell ans Ziel willst, mußt du einfach langsamer gehen!« Aber ich lächelte nur und ging noch schneller. Die schwarzen Träger nannten mich deswegen den »Strong Papa«. Und Strong Papa marschierte auch am vierten Tag des Aufstiegs munter weiter an der Spitze, obwohl er total müde war. Die dünne Luft in über 4000m Höhe machte sich durch Schwindelgefühl und bleischwere Beine bemerkbar. Statt die wunderschöne Vegetation und den Ausblick zu genießen, ging »Strong Papa« stur weiter. Am fünften Tag wagten wir den Gipfelsturm auf den 5895 Meter hohen »Uhuru Point«. Auf schmalem Weg und gegen die Kälte dick eingepackt, fühlten wir uns wie Pinguine, die drei Schritte vorwärts gehen und einen Schritt zurückrutschen. Meine Nerven schmerzten von den Fingerspitzen aufwärts, und bald bekam ich keine Luft mehr – und träumte, nach oben zu fliegen. Am »Gillman-Point« (5685m) begriff ich endlich die Sinnlosigkeit meiner Gipfelstürmerei. Und kehrte um. Der Berg lehrte mich die Bedeutung der Langsamkeit. Warum habe ich mich und andere so oft zur Eile getrieben? Wenn ich nur früher auf meine innere Stimme gehört hätte! Ich habe sofort meinem Körper versprochen, künftig keinen Ärger mehr zu machen und besser auf ihn aufzupassen – schließlich möchte ich noch 100 Jahre leben.

**RABE ▶**
Zuerst auf die Zehenballen hocken. Die Hände zwischen die Beine auf den Boden aufstützen. Dann die Ellbogen an die Knie drücken und vorsichtig das Körpergewicht auf den Oberarm (überhalb des Ellbogens) verlagern. Drei bis vier Atemzüge das Gewicht halten und sich vorstellen, man wäre ein Rabe auf einem Ast. Das stärkt die Gelenke, die Schultern und die Konzentration.

**◀ STORCH**
Auf einem Bein stehen. Das andere Bein mit nach oben gerichteter Fußsohle anziehen. Handflächen vor die Brust falten. Bauchatmen. Kurz innehalten und das Bein wechseln. Stärkt die Balance und die Konzentration.

## HASE ▶

Auf dem Boden knien und mit den Händen die Fersen festhalten. Den Kopf in Richtung Knie bewegen und mit dem Scheitel den Boden berühren. Das Körpergewicht nach vorne verlagern (die Fersen nicht loslassen). Das durchblutet das Gehirn, lindert Nacken-, Schulter- und Rückenschmerzen und wirkt vorbeugend.

## LÖWE

Sich vorstellen, ein lauernder Löwe auf der Jagd zu sein. 1. Rechtes Bein ganz nach hinten strecken. 2. Linkes Bein nach vorn im rechten Winkel angewinkelt. 3. Beide Hände umfassen dabei den Knöchel des vorderen linken Beines. 4. Den Oberkörper nach hinten dehnen. Gesicht geradeaus. 5. Dabei tief einatmen, die Luft anhalten und möglichst lange in der Stellung verharren. Dann die Seite wechseln. Das baut Alltagsängste ab.
▼

## FROSCH

1. Auf dem Boden liegend die Beine anwinkeln; Fußsohlen zusammenhalten.
2. Die Handflächen schulterbreit auf den Boden. 3. Dann die Arme ausstrecken und den Oberkörper so weit wie möglich nach hinten biegen. 4. Mehrmals Bauchatmen. Stärkt die Nieren- und Blasenfunktion.

# REGISTER

| | |
|---|---|
| Abnehmen | 34-39 |
| Abschlußtraining | 62 |
| Acht-Stufen-Geschmeidigkeitsmethode | 24 |
| Akupunkturpunkte | 130 f. |
| Algen | 59 f. |
| Alkohol | 176 f. |
| Aminosäuren | 103 |
| Appetitlosigkeit | 133 |
| Armmuskulatur | 67 |
| Atmen | 116 f. |
| Atmung | 78 f. |
| Aufwärmtraining | 62 |
| Aufwärmübungen | 96 f. |
| Auge(n) | 27, 132, 150 f. |
| Ausatmen | 83 |
| Ausgleichstraining | 67 |
| Balance | 16, 122 f. |
| Bandscheiben | 36, 162 f. |
| Bauch | 34, 37 |
| Bauchatmung | 118 |
| Bauchmuskulatur | 56, 64 |
| Becken | 34, 134, 138, 184 |
| Bein(e) | 34, 52 |
| Bergsteigen | 50-53 |
| Blasenentzündung | 70 |
| Blutdruck | 59 |
| Bohnen | 59 |
| Brustwirbel | 142 f. |
| Büroschlaf | 150 |
| Bürotraining | 150 f. |
| Chi | 94, 154 f. |
| Cholesterinspiegel | 59 |
| Darm | 110, 133 |
| Dehnen | 168 f. |
| Dehnungsübungen | 182 f. |
| Depression | 181 |
| Diät | 34-39, 57 f. |
| Durchblutung | 56, 109 f. |
| Eiweißmangel | 59 |
| Entspannung | 182 f. |
| Entspannungsübungen | 106 f. |
| Erkältung | 12, 44 |
| Ernährung | 54 f., 103 |
| Fehlhaltung | 130 |
| Fernsehrezepte | 112 f. |
| Fettabbau | 34-39 |
| Fettverbrennung | 84 |
| Fischgymnastik | 62 f. |
| Frieren | 12, 96 f. |
| Frühjahrsdiät | 34 |
| Frühjahrsmüdigkeit | 170 f. |
| Fußtraining | 108 |
| Gedankenmassage | 146 f. |
| Geduld | 182 f. |
| Gehen | 52, 162 |
| Gehirnnahrung | 103 |
| Gehirntraining | 122 f. |
| Gelenke | 156 f. |
| Geschmeidigkeit | 24-31, 106 f., 140 f., 184 f. |
| Gleichgewicht | 158 |
| Gleichgewichtsgefühl | 16 |
| Gleichgewichtsübung | 70 |
| Glück | 24-31, 39 |
| Glücksknopf | 42 |
| Grüner Tee | 60 |
| Haarausfall | 150 f. |
| Hals | 106, 111 |

| | | | |
|---|---|---|---|
| Halstraining | 150 f. | Kreislaufgymnastik | 12 |
| Halswirbel | 142 f. | Kreuzbeingelenke | 70 |
| Haltungsschäden | 16 | Kreuzschmerzen | 133 |
| Hämorrhoiden | 88 | Kürbis | 103 |
| Handübungen | 159 | Lachen | 146 f. |
| Harmonie | 19 | Langeweile | 12 |
| Haut | 12 | Langsamkeit | 81, 187 |
| Herzschwäche | 59 | Lebensenergie | 94, 130 f. |
| Hexenschuß | 162 f. | Lebensfreude | 53 |
| Hitze | 56 f. | Leber | 133 |
| Hohlkreuz | 130 | Lendenmuskeln | 160 f. |
| Honigtherapie | 181 | Lendenwirbel | 88, 93, 139, 142 f. |
| Hormonhaushalt | 19 | Licht | 170 f., 181 |
| Hüfte | 23 | Linkshänder | 128 |
| Hüftgelenke | 88 | Links-Rechts-Koordination | 122 f. |
| Hüftgelenktraining | 16 | Lotus | 104 f. |
| Immunsystem | 12 | Lotussitz | 34, 36 |
| Impotenz | 90 | Lotussnacks | 104 f. |
| Innere Kraft | 137, 154 f. | Luftbad | 12, 52 |
| Innere Organe | 19, 27, 132 f. | Lunge | 27, 81, 118 f. |
| Ischialgie | 88 | Lustlosigkeit | 170 |
| Ischiasnerv | 88 | Magen | 110 |
| Jodmangel | 59 | Magenberuhigung | 58 |
| Käfergymnastik | 12 | Massage | |
| Kälte | 96 f. | – Augen | 44 |
| Kalzium | 59 | – Bauch | 46 |
| Kater | 176 f. | – Darm | 46 |
| Kniegelenke | 53, 88 | – Drücken | 42 f. |
| Knietraining | 70 f. | – Finger | 42 |
| Knochentraining | 70 | – Gesicht | 42 |
| Konzentration | 187 | – Haut | 12 |
| Koordination | 122 f. | – Kopfhaut | 44 |
| Kopfmassage | 150 f. | – Nase | 44 |
| Kopfschmerzen | 150 | – Niere | 48 |
| Körperentlastung | 67 | – Ohren | 44, 46 |
| Kreislauf | 53, 56 f., 109 | – Reiben | 42 f. |

- Selbstmassage ... 42 f.
- Zunge ... 44
- Unterleib ... 48
Milz ... 24, 133
Müdigkeit ... 12, 19
Mundgeruch ... 44
Muskeltraining ... 88 f.
Muskulatur ... 52
- Arm ... 29
- Nacken ... 42
- Rücken ... 29, 30
- Schultern ... 29
Nacken ... 106, 111
Nervensystem ... 29
Nervosität ... 58
Niere ... 27, 133, 136
Oberkörper ... 30
Oberschenkelmuskeln ... 68
Oberschenkelmuskulatur ... 92, 111, 134
Oberschenkeltraining ... 70
Pingpong-Effekt ... 128
Rechtshänder ... 128
Reiben ... 12
Rheuma ... 48, 70
Rücken ... 133, 150 f.
Rückenmuskeln ... 67
Rückenmuskulatur ... 56, 111, 184
Rückenprobleme ... 95
Rückenschmerzen ... 48, 132 f.
Rückwärtsgehen ... 52
Sauerstoff ... 53, 64, 118 f., 181
Sauerstoffmangel ... 83
Sauerstofftraining ... 78 f.
Schienbein ... 58
Schilddrüse ... 34
Schlußgymnastik ... 84 f.

Schrittfrequenz ... 52
Schuhplatteln ... 122 f.
Schultermuskulatur ... 95
Schultern ... 138, 187
Schwitzen ... 57
Sehkraft ... 132
Selbstheilung ... 24-31
Selbstverteidigung ... 70 f., 152 f.
Sitzen ... 162 f.
Sommerbrot ... 60
Sommerdiät ... 57 f.
Sommerrezepte ... 60 f.
Speicheldrüse ... 44
Starrsinn ... 146 f.
Startgymnastik ... 78 f.
Steißbein ... 142 f.
Stimulierung ... 130 f.
Stoffwechsel ... 27, 54 f.
Streß ... 29, 91
Stretching ... 69
Tierübungen ... 182 f.
Übergewicht ... 19
Überkreuzbewegungen ... 122 f.
Unsichtbarer Maßkrug ... 129
Verdauung ... 24, 46
Verkrampfung ... 12
Verspannungen lösen ... 88 f.
Verstopfung ... 12, 88, 91, 133
Vitamine ... 59
Wandern ... 50-53
Wärme ... 12
Winterschlaf ... 170
Winterspeck ... 34
Wirbelsäule ... 19, 27-31, 64, 133 f., 140 f., 160 f.
Wirbelsäulentraining ... 140 f.
Zufriedenheit ... 24-31